JN255888

昼光照明規準・同解説

Standards for Daylighting

2018

日本建築学会

本書のご利用にあたって

本書は，作成時点での最新の学術的知見をもとに，技術者の判断に資する技術の考え方や可能性を示したものであり，法令等の補完や根拠を示すものではありません．また，本書の数値は推奨値であり，それを満足しないことがただちに建築物の安全性，健康性，快適性，省エネルギー性，省資源・リサイクル性，環境適合性，福祉性を脅かすものでもありません．ご利用に際しては，本書が最新版であることをご確認ください．本会は，本書に起因する損害に対しては一切の責任を有しません．

序

　本規準は，昼光照明の要件，光源としての昼光の標準，昼光照明環境の予測・評価方法，昼光照明のエネルギー性能に関する考え方を示すものである.

　本会は，1963 年 9 月に建築設計計画規準委員会・第 1 光分科会（主査：小木曽定彰）による「採光設計」（日本建築学会設計計画パンフレット 16），1985 年 12 月に環境工学委員会・昼光設計分科会（主査：松浦邦男）による「昼光照明の計画」（日本建築学会設計計画パンフレット 30），1993 年 9 月に環境工学委員会・昼光設計パンフレット小委員会による「昼光照明の計算法」を刊行した. それらは建築計画・設計に係わる時代の変化と昼光照明の考え方の変化に対応しながら，昼光照明の標準的な設計方法を示してきた. また，本会は，昼光照明に関する研究成果と最新の技術をまとめて，昼光照明の促進に資する設計ガイドを作成し，2007 年 8 月に「昼光照明デザインガイド − 自然光を楽しむ建築のために」を刊行した. さらに，環境工学分野における規準・標準仕様書の整備の動きを背景に，2010 年 3 月に「室内光環境・視環境に関する窓・開口部の設計・維持管理規準・同解説」が刊行された. そこでは，快適な光環境と視環境の形成，外部環境からの効用の享受という総合的な観点から，建築の計画・施工・運用における窓・開口部の設計と維持管理の技術的規準が定められている.

　昼光照明に関する研究・技術開発・標準化活動は，国際照明委員会（CIE）とその日本代表組織の日本照明委員会（JCIE）においても活発に行われている. 国際標準化機構（ISO）では，建築物の環境設計・エネルギー性能に関する標準化の中で，建築照明のエネルギー需要に対する昼光利用効果に関する国際規格が定められ，採光用開口の設計プロセス，昼光照明装置の性能評価に関する国際規格原案が作成されている. そのような国内外の動向を考慮しながら，本規準の原案の作成と作成に必要な資料の収集は，環境工学委員会・光環境運営委員会所属の昼光に関する基準小委員会（2008 年度〜2011 年度），昼光規準原案準備小委員会（2012 年度〜2014 年度），昼光規準ワーキンググループ（2015 年度）が担当した. 本規準は昼光照明規準刊行小委員会が最終的に原案を取りまとめ，公正性・中立性・透明性を確保するため光環境運営委員会が査読し，シンポジウムとパブリックコメント募集を通して，広く会員から意見を求めて完成させたものである.

　2018 年 3 月

　　　　　　　　　　　　　　　　　　　　　　　　　　　　　　　　日本建築学会

Preface

This Architectural Institute of Japan Environmental Standard (AIJES) provides daylighting requirements, daylight models, methods of predicting and assessing a daylit environment, and views on the energy savings achievable with daylighting. The Architectural Institute of Japan (AIJ) previously published the design guides "Daylighting Design" in September 1963, "Daylighting Planning" in December 1985, and "Daylighting Calculation Methods" in September 1993. Those publications have continued to provide standard methods for daylighting design, remaining relevant despite new developments in architectural planning and design, and changes in attitudes to daylighting. The AIJ also published "Daylighting Design Guide - For architecture enjoying natural light" in August 2007. Furthermore, the AIJ published "Academic Standards for Design and Maintenance of Windows and Openings on Interior Lighting and Visual Environment" in March 2010 against the background of movement in the field of environmental engineering toward developing standards and technical specifications. That publication provided comprehensive technical standards from the viewpoint of creating comfortable luminous and visual environments and enjoying the benefits of the external environment.

Research, technical development, and standardization in daylighting are active areas of work for the International Commission on Illumination (Commission Internationale de l'Eclairage; CIE) and the Japanese National Committee of the CIE (JCIE). The International Organization for Standardization (ISO) published ISO 10916 "Calculation of the Impact of Daylight Utilization on the Net and Final Energy Demand for Lighting", and is developing standards on the process of daylight opening design and performance assessment of daylighting apparatuses. Taking into account such domestic and foreign developments, the Subcommittee on Standards for Daylight (FY2008 - FY2011), the Subcommittee on Preparation for Academic Standards for Daylight (FY2012 - FY2014), and the Daylight Standard Working Group (FY2015) have collected necessary materials and data, and prepared drafts of this AIJES standard. The Subcommittee on Academic Standards for Daylighting has completed the final draft of this AIJES standard through peer review by the Managing Committee on Luminous Environment and review of comments submitted by AIJ members.

March 2018

Architectural Institute of Japan

日本建築学会環境基準（AIJES）について

　本委員会では，これまでに，日本建築学会環境基準（AIJES）として13点を発刊するに至っている．また，各分野において，規準等を整備すべく，検討・作成作業が進められてきた．

　AIJESはアカデミック・スタンダードと称し，学会が学術的見地から見た推奨基準を示すことを目的に，「基準」，「規準」，「仕様書」，「指針」のような形で公表されてきた．これらの英文表記は，「Academic Standards for〜」としていたが，この「Academic Standards」には教育水準といった意味もあり，AIJESの目的とは異なる意味に解される場合もあり誤解を生ずる恐れがあるとの指摘も寄せられた．

　そこで，2010年度以降に発刊されるAIJESについては，英文表記を「Standards for〜」等に変更することを決定した．また，既刊のAIJESについては，改定版刊行時に英文表記を変更することとした．

2010年9月

日本建築学会　環境工学委員会

日本建築学会環境基準（AIJES）の発刊に際して

　本会では，各種の規準・標準仕様書の類がこれまで構造・材料施工分野においては数多く公表されてきた．環境工学分野での整備状況は十分ではないが，われわれが日常的に五感で体験する環境性能に関しては法的な最低基準ではない推奨基準が必要であるといえる．ユーザーが建物の環境性能レベルを把握したり，実務家がユーザーの要求する環境性能を実現したりする場合に利用されることを念頭において，新しい学術的成果や技術的展開を本会がアカデミック・スタンダードとして示すことは極めて重要である．おりしも，本会では，1998 年 12 月に学術委員会が「学会の規準・仕様書のあり方について」をまとめ，それを受けて 2001 年 5 月に「学会規準・仕様書のあり方検討委員会報告書（答申）」が公表された．これによれば，「日本建築学会は，現在直面している諸問題の解決に積極的に取り組み，建築界の健全な発展にさらに大きく貢献することを目的として，規準・標準仕様書類の作成と刊行を今後も継続して行う」として，本会における規準・標準仕様書等は，次の四つの役割，すなわち，実務を先導する役割，法的規制を支える役割，学術団体としての役割，中立団体としての役割，を持つべきことをうたっている．

　そこで，本委員会では，1999 年 1 月に開催された環境工学シンポジウム「これからの性能規定とアカデミック・スタンダード」を皮切りとして，委員会内に独自のアカデミック・スタンダードワーキンググループを設置するとともに，各小委員会において環境工学各分野の性能項目，性能基準，検証方法等の検討を行い，アカデミック・スタンダード作成についての作業を重ねてきた．

　このたび，委員各位の精力的かつ献身的な努力が実を結び，逐次発表を見るに至ったことは，本委員会としてたいへん喜ばしいことである．このアカデミック・スタンダードがひとつのステップとなって，今後ますます建築環境の改善，地球環境の保全が進むことへの期待は決して少なくないと確信している．

　本書の刊行にあたり，ご支援ご協力いただいた会員はじめ各方面の関係者の皆様に心から感謝するとともに，このアカデミック・スタンダードの普及に一層のご協力をいただくようお願い申し上げる．

2004 年 3 月

日本建築学会　環境工学委員会

日本建築学会環境基準制定の趣旨と基本方針

(1) 本会は，「日本建築学会環境基準」を制定し社会に対して刊行する．本基準は，日本建築学会環境工学委員会が定める「建築と都市の環境基準」であり，日本建築学会環境基準（以下，AIJES という）と称し，対象となる環境分野ごとに記号と発刊順の番号を付す．

(2) AIJES 制定の目的は，本会の行動規範および倫理綱領に基づき，建築と都市の環境に関する学術的な判断基準を示すとともに，関連する法的基準の先導的な役割を担うことにある．それによって，研究者，発注者，設計者，監理者，施工者，行政担当者が，AIJES の内容に関して知識を共有することが期待できる．

(3) AIJES の適用範囲は，建築と都市のあらゆる環境であり，都市環境，建築近傍環境，建物環境，室内環境，部位環境，人体環境などすべてのレベルを対象とする．

(4) AIJES は，「基準」，「規準」，「仕様書」，「指針」のような形で規定されるものとする．以上の用語の定義は基本的に本会の規定に従うが，AIJES では，「基準」はその総体を指すときに用いるものとする．

(5) AIJES は，中立性，公平性を保ちながら，本会としての客観性と先見性，論理性と倫理性，地域性と国際性，柔軟性と整合性を備えた学術的判断基準を示すものとする．

　それによって，その内容は，会員間に広く合意を持って受け入れられるものとする．

(6) AIJES は，安全性，健康性，快適性，省エネルギー性，省資源・リサイクル性，環境適合性，福祉性などの性能項目を含むものとする．

(7) AIJES の内容は，建築行為の企画時，設計時，建設時，完成時，運用時の各段階で適用されるものであり，性能値，計算法，施工法，検査法，試験法，測定法，評価法などに関する規準を含むものとする．

(8) AIJES は，環境水準として，最低水準（許容値），推奨水準（推奨値），目標水準（目標値）などを考慮するものとする．

(9) AIJES は，その内容に学術技術の進展・社会状況の変化などが反映することを考慮して，必要に応じて改定するものとする．

(10) AIJES は，実際の都市，建築物に適用することを前提にしている以上，原則として，各種法令や公的な諸規定に適合するものとする．

(11) AIJES は，異なる環境分野間で整合の取れた体系を保つことを原則とする．

昼光照明規準・同解説

目　　次

1. 目　　　的

　本規準は，昼光照明の計画・設計・評価・運用において必要な昼光照明環境の量と質の指標，昼光光源，昼光照明計算，建築照明のエネルギー性能に対する昼光利用について技術的規準を定めるものである．

　人間は，地上に到達する太陽放射の下で進化し，生理や心理，生活のリズムを昼光環境に適応させてきた．日常的に昼光を浴びることは，昼行性動物である人間の本能的要求である．地上に到達する太陽放射と同様に分光分布と光量が変化する環境を，人工光でつくることは技術的に可能であるが，人工光で昼光と同程度の大光量を得ることは，現実的でない．

　室内への昼光の導入を可能にする開口は，採光用開口と定義される．採光用開口は採光のために設けられるが，その仕様によって眺望，換気，出入口などの機能も持つ．建築物の外皮に設けられる採光用開口の外部の状況は，室内から見た時，光源としての昼光の利用可能性に影響する．採光用開口の大きさ，位置，数，形状，光透過特性によって，室内における採光量は，ほぼ決まる．採光用開口に設けられる装置や装備によって，室内の昼光分布は変わる．

　本規準は建築物の各種開口のうち，採光を目的としたもののみを扱う．また，本規準は採光用開口から入る昼光を光源とする照明について，照明環境の量と質の指標を示し，採光用開口の採光性能を予測・評価するための昼光照明計算の標準的な方法，昼光光源の標準を定める．また，昼光照明環境の質に影響する不快グレアについて，不快グレアの予測・評価の標準的な方法と制御規準を定める．さらに，建築照明および建築物のエネルギー性能に対する昼光利用の効果について，評価の考え方を示す．

　本規準は，規準（要求事項および推奨事項）とそれに対応する解説，さらに利用者の理解を助けるための詳しい解説と計算例で構成されている．

2. 適 用 範 囲

　本規準は，採光用開口から入る昼光を光源とする昼光照明の要件を定め，昼光照明計算の標準的な方法，昼光光源の標準を示すものである．本規準は，昼光照明の特定の設備やシステムについて，その設計方法を解説するものではない．また，採光用開口を通して得られる外部環境情報や眺望に関わる視覚上の生理的心理的効果，および紫外放射の生体影響や赤外放射の熱的影響は，本規準で扱わない．

　昼光照明の光源は，窓などの採光用開口から室内に入る昼光である．建築物の外皮または内部に設けられる採光用開口は，昼光を直接的に採り入れるものと間接的に採り入れるものに大別できる．本規準では，建築物の外皮に設けられる採光用開口を主たる対象として，採光用開口の設計と評価のため，昼光照明計算の標準的な方法，昼光照明計算に必要な直射日光と天空光の標準，昼光照明による不快グレアの評価方法と制御基準，屋外昼光照度と昼光の色温度の代表的な値を示す．

　採光用開口は，その仕様によって，採光だけでなく換気，排煙，避難，外部環境情報の

取得，眺望などの機能を持つ場合がある．採光用開口が与える外部環境情報，眺望などに関わる視覚上の生理的効果や心理的効果は，昼光照明環境の質に関わる重要な要素であるが，それらの効果の指標や尺度について学術的に合意されたものはない．よって，本規準では扱わない．

昼光は太陽放射に起因し，視覚によってとらえられる全天日射と定義される．太陽放射の成分は，波長によって紫外放射，可視放射，赤外放射に大別することができる．

紫外放射は，さらに波長の長い方から近紫外放射（UV-A），中紫外放射（UV-B），遠紫外放射（UV-C）に区分される．ヒトに対する紫外放射の影響で，特に問題となるのは紅斑作用（紫外放射の照射によって真皮乳頭層の血管が拡張して充血し，炎症を起こして，外観上は照射を受けた皮膚の部位が赤みを帯びること）と日光皮膚炎，光角膜炎（紫外放射の照射によって生じる急性の角膜の炎症）や光結膜炎（紫外放射の照射によって生じる急性の結膜の炎症）という紫外性眼炎，光発癌である．UV-B の照射はビタミン D の生合成に関与するが，光発癌の作用もあり，照射量について注意が必要とされる．ビタミン D の生成は，日常生活で無意識のうちに浴びる紫外放射の量でまかなわれ，また，ビタミン D は食物からも摂取できる．

赤外放射は，さらに波長の短い方から近赤外放射，中赤外放射，遠赤外放射に区分される．近赤外放射は，光化学効果を生じる可能性がある．遠赤外放射は，ガラスの透過限界波長より長い波長域の赤外放射である．

本規準は可視放射を対象として，紫外放射の生体影響や赤外放射の熱的影響は扱わない．

建築基準法は，建築物の用途や居室の種類によって，開口部の設計基準を定めている．本規準では，その考え方と基準値を尊重し，整合性を考慮する．建築基準法では，住宅，学校，保育所，病院・診療所，寄宿舎・下宿，児童福祉施設等を採光が必要な建築物の用途としている．本規準では，それらの用途に加えて，事務所，商業施設，工場，図書館，博物館・美術館を，昼光照明が施される建築物の用途とする．また，本規準は，新築の建築物および既存の建築物の改修・改築を対象としている．

3. 引 用 規 準

> 本規準では，次の規準の一部を引用する．
> ・日本建築学会環境基準 AIJES-L0002-2016，照明環境規準・同解説，2016 年

AIJES-L0002-2016「照明環境規準・同解説」は，室内の適切な照明環境の形成と普及を目的として，エネルギーの効率的利用を含む照明環境設計の要件を示し，可能なものについては照明環境に関する推奨値とエネルギー消費に関する目標値を定めている．本規準が定める昼光照明の要件について，昼光照明環境の推奨値は，その規準に従う．AIJES-L0002-2016「照明環境規準・同解説」が扱っていない室の用途，作業，活動に対する昼光照明要件は，JIS Z 9110:2010「照明基準総則」を参考にする．

4. 用　　語

本規準のための用語とその定義を記す.

・開口率（opening ratio）

当該居室において開口部の面積の合計を, その居室の床面積の合計で除した値.

・照度均斉度（illuminance uniformity）

ある面上の平均照度に対する最小照度の比.

・グレア（glare）

視野内の輝度分布の偏りや極端な輝度対比などによって感じられるまぶしさ. 視覚に与える影響から分類すると, 視対象が見えにくくなり, 視覚障害をもたらす「減能グレア（視力低下グレア）」と, 視覚障害は起こさないが, 心理的に不快感を与える「不快グレア」に分けられる.

・反射グレア（glare by reflection）

光沢のある面で生じた光源や窓などの高輝度物体の反射像（2 次光源）によって引き起こされるグレア.

・光幕反射（veiling reflection）

視対象の前面や表面に映って視対象の輝度対比を低下させ, 視対象を見えにくくさせる鏡面反射.

・採光用開口（daylight opening）

室内への昼光の導入を可能にする開口部. ガラスなどの光透過材料が入るものと入らないものがある.

・側窓（sidelight）

鉛直または鉛直に近い壁面にある採光用開口.　　　　　注）「がわまど」と読む.

・頂側窓（high sidelight）

鉛直または鉛直に近い面で天井に近い高さにある採光用開口.

・CIE 標準一般天空（CIE standard general sky）

曇天空から晴天空までの天空を表す 15 種類の天空輝度分布.

注）それぞれの天空状態における天空輝度は, 天頂輝度に対する相対値で, かつ, グラデーション関数と散乱インディカトリックス関数として表される. CIE 標準一般天空には, CIE 標準曇天空の従来式が第 16 分類として追加されている.

・CIE 標準曇天空（CIE standard overcast sky）

CIE が定める全天が厚い雲で覆われた天空の輝度分布.

・シルエット現象（silhouette phenomenon）

　明るい窓のような高輝度面を背景に視対象を見る時，視対象がシルエット（輪郭の内側が黒く暗い像）になって，視対象の細部が見えにくくなる現象．

・全昼光照度（グローバル照度）（global illuminance）

　直射日光照度と天空光照度の和．

・全天空照度（horizontal illuminance from unobstructed sky）

　天空遮蔽物のまったくない理想的な状態を想定した場合に，地表上の水平面において天空光によって生じる照度．

・昼光（daylight）

　全天日射の可視域部分．直射日光と天空光の和．

・昼光照度（daylight illuminance）

　昼光による照度．

・昼光照明（daylighting）

　昼光を光源とする照明．

・昼光率（daylight factor）

　天空遮蔽物が全くない理想的な状況において，仮定の，または既知の輝度分布を持つ天空の全天空照度に対して，室内のある面上のある点において，その天空から直接および間接に受けた光による照度の比．両方の照度に対する直射日光の寄与は除く．
　注）ガラスなどの光透過材料の透過率や汚れの影響などを含む．

・昼光率の天空成分（sky component of daylight factor）

　天空遮蔽物が全くない理想的な状況において，仮定の，または既知の輝度分布を持つ天空の全天空照度に対して，室内のある面上のある点において，その天空から直接（またはガラスを通して）受けた光による室内の照度の比．両方の照度に対する直射日光の寄与は除く．

・昼光率の屋内反射成分（internally reflected component of daylight factor）

　天空遮蔽物が全くない理想的な状況において，仮定の，または既知の輝度分布を持つ天空の全天空照度に対して，室内のある面上のある点において，その天空により直接または間接的に照らされた室内反射面からの反射光による照度の比．両方の照度に対する直射日光の寄与は除く．

・昼光率の屋外反射成分（externally reflected component of daylight factor）

　　天空遮蔽物が全くない理想的な状況において，仮定の，または既知の輝度分布を持つ天空の全天空照度に対して，室内のある面上のある点において，その天空により直接または間接的に照らされた屋外反射面からの反射光による照度の比．両方の照度に対する直射日光の寄与は除く．

・地物反射光（skylight reflected from external reflecting surfaces）

　　屋外の反射面で反射された天空光．

・直射日光（sunlight）

　　直達日射の可視域部分．

・直射日光照度（direct solar illuminance）

　　地表上の水平面に直射日光によって生じる照度．

・天空光（skylight）

　　天空日射の可視域部分．

・天空光照度（diffuse horizontal illuminance (from the sky); sky illuminance）

　　地表上の水平面に天空光によって生じる照度．

・反射（reflection）

　　放射が，その単色放射成分の周波数を変えることなく，ある表面または，ある媒質によって戻される過程．

・拡散反射（diffuse reflection）

　　肉眼で見える（巨視的な）スケールで，鏡面反射（正反射）がない反射．

・鏡面反射；正反射（specular reflection; regular reflection）

　　拡散（散乱）がなく，光学的鏡像の法則に従う反射．

・拡散；散乱（diffusion; scattering）

　　放射が，その単色放射成分の周波数を変えることなく，ある表面または，ある媒質によって多くの方向に散らされて，その方向分布を変える過程．

・モデリング（modelling）

　　照明の指向性の違いによって生じる物体や人の立体感や質感の見え方を表す指標．

・ライトガイド（hollow light guide）

　　光を伝え分配する筒状の構造体．ライトガイドの中で，光は主に空気中を伝わり，反射や屈折を経て放光部より放たれる．

・（ライトガイドの）放光部（light extractor of a hollow light guide）

　　光を制御して放つライトガイドの構成部分．

・立体角投射率（configuration factor (between two surfaces S_1 and S_2)）

　　面 S_1（もしくは S_2）からの放射束または光束によって面 S_2（もしくは S_1）上のある点に生じる放射照度または照度の，面 S_1（もしくは S_2）の放射束発散度または光束発散度に対する比．

・形態係数；固有入射光束係数（form factor (between two surfaces S_1 and S_2)）

　　面 S_1（もしくは S_2）から面 S_2（もしくは S_1）全体が受ける平均放射束密度または平均光束密度の，面 S_1（もしくは S_2）の放射束発散度または光束発散度に対する比．

　本規準の用語と定義，および対応英語は，JIS Z 8113:1998「照明用語」，照明学会の「2007 照明専門用語集 CD-ROM 増補改訂版」，国際電気標準会議の IEC 60050-845:1987（CIE 17.4-1987）「International Electrotechnical Vocabulary – Chapter 845:Lighting（国際電気用語集・第 845 部：照明）」，国際照明委員会の CIE S 017:2011「ILV: International Lighting Vocabulary（国際照明用語集）」による [4-1]-[4-4]．ただし，本規準のために，定義の表現を一部修正したものがある．上記の用語集に用語と定義がないものについては，本規準で定義する．

　JIS Z 8113:1998「照明用語」は，国際電気標準会議（International Electrotechnical Commission; IEC）と国際照明委員会（Commission Internationale de l'Eclairage; CIE）の合同規格 IEC 60050-845:1987（CIE 17.4-1987）「国際電気用語集・第 845 部・照明」に基づいている．照明学会「2007 照明専門用語集 CD-ROM 増補改訂版」は IEC 60050-845:1987（CIE 17.4-1987）との整合を図るとともに，一部に JIS Z 8113:1998 を引用し，照明学会で定める照明専門用語を入れている．CIE 17.4-1987 は単独で改訂され，2011 年に出版された CIE S 017:2011「国際照明用語集」が最新版であるが，IEC 60050-845:1987 は改訂されておらず，現在も有効である．本規準では CIE S 017:2011 に準ずることとする．

　本規準では上記の用語集に従うために，一部の用語の定義が AIJES-L001-2010「室内光環境・視環境に関する窓・開口部の設計・維持管理規準・同解説」のものと異なる．それらについては，AIJES-L001-2010「室内光環境・視環境に関する窓・開口部の設計・維持管理規準・同解説」の改訂において整合が図られる予定である．

　なお，IEC 60050 シリーズ「International Electrotechnical Volcabulary」および CIE S 017「ILV – International Lighting Vocabulary」は，それぞれ IEC と CIE のウェブサイトに「Electropedia」および「eILV」として掲載されており，無料で利用できる．

5. 昼光照明に求められる要件

5.1 昼光照明による照度と輝度およびその分布

> 昼光が入射する室内において視作業が行われる範囲の設計目標照度（昼光照明による照度と人工照明による照度の合計値）および壁面・天井面の設計目標輝度（昼光照明による輝度と人工照明による輝度の合計値）は，AIJES-L0002-2016「照明環境規準・同解説」で定める設計規準に従う．
>
> 昼光照明では，一般に，窓などの採光用開口の付近が高照度となり，室奥で低照度となる．室全体に作業面を設定する時，片側採光による昼光照明のみの場合，作業面の最大照度に対する最小照度の比は 0.1 未満とならないようにする．片側採光による昼光照明と人工照明を併用する場合，作業面の最大照度に対する最小照度の比は 0.15 未満とならないようにする．
>
> 昼光照明では採光量の変動が大きく，照度または輝度が過剰だったり不足したりする．照度または輝度が過剰な場合は，カーテンやブラインドなどで昼光の入射を制御し，照度または輝度が不足する場合は，人工照明で補う．

AIJES-L0002-2016「照明環境規準・同解説」（6.3 照明環境の設計規準）が定めるアンビエント面の輝度やターゲット面の照度について，それを満足するための光源は，人工光に限定されていない．ただし，昼光は季節，時刻，天候による変動が大きいため，照明環境の変動を嫌う作業や活動に対して不利となる可能性が高い．その場合，採光用開口に設けるカーテンやブラインドなどの使用によって，室内に入る昼光の状態を安定させる必要がある．本規準では，年間を通した昼光導入効果の評価指標を採用しないが，参考までにその概要を解説 A–1 に示す．

昼光照明では，窓などの採光用開口の付近で照度または輝度が高く，採光用開口から離れた場所で照度または輝度が低くなりやすい．室全体に作業面を考える時，昼光照明の均一性の推奨値は，人工照明の均一性の推奨値より小さくなる．照度分布の均一性は照度均斉度（平均照度に対する最小照度）で表されるが，昼光照明を中心に考える時，均一性の基準は，最大照度に対する最小照度の比で示されることが多い．その場合，昼光照明による照度の均一性の推奨値は 0.1 以上，人工照明による均一性の推奨値は 0.3 以上である．

視認性を重視する作業空間や執務空間では，照明環境の質を担保する指標として，第一に作業面照度が重視される．昼光のみで設計照度に満たない領域の照度は，人工照明により補えばよく，例えば，側窓の場合は窓側から室奥に向かうにつれて，各照明器具からの発散光束を増やす．ただし，作業面照度を基にした制御のみでは，窓面のグレアや室内の明るさ感の欠如などによって，空間全体の照明の質を担保できない場合があることは，常に留意すべきである．

5.2 グ レ ア

> 屋内照明においては，減能グレアと不快グレアについて，それらが生じないように配慮しなければならない．

　減能グレアは，視対象の視認性や視作業性の低下をもたらすグレアであり，不快グレアはまぶしさによる不快を伴うグレアである．これらのグレアを生じさせないよう，視野内の輝度分布をできるだけ適正に保つ必要がある．

　昼光照明がもたらす屋内の輝度分布には，人工照明のそれと比較して，以下のような特徴がある．

① 窓などの採光用開口から見える天空，直射日光の反射部分，昼光照明装置の放光部など，高輝度部分が生じやすい．

② 天候や太陽位置によって，輝度および高輝度部分の位置が変化する．

③ 高輝度部分の面積が大きい．

④ 窓などの採光用開口が，視野に入りやすい位置にある．

　一般に，不快グレアの程度は，グレアをもたらすグレア光源の輝度，グレア光源の大きさ，グレア光源以外の背景部分の輝度，グレア光源の位置によって決まる．グレアは，視野内の著しい高輝度部分および高い輝度対比によって生じるので，光源を遮光することによって回避できる．昼光照明では，視野内の広い範囲に高輝度部分が存在する場合が多く，まず，高輝度部分の輝度を下げることを考える．

　昼光照明による不快グレアの程度の推定や評価について，解説 A–2 に示すとおり，さまざまな提案があるが，1 つの方法に定めることに国際的な合意が成り立っていない．しかし，不快グレアの検討は不可欠なので，本規準では予測グレア感（Predicted Glare Sensation Vote；PGSV）を用いることを推奨する．その理由に，PGSV が日本のオープンプランオフィスの窓の大きさに適していること，実際に設計または制御の目標（「不満者率 20 %」程度）となるようなグレアについては，いずれのグレア評価法を用いても，グレア光源の輝度，グレア光源の大きさ，グレア光源以外の背景部分の輝度の範囲が大きく異ならないことがあげられる．

5.2.1 昼光照明による不快グレア

> 　視野内に，目が順応している輝度よりも著しく輝度の高い採光用開口があったり，採光用開口とその周囲の壁との間に著しく大きい輝度対比があったりすると，不快グレアが生じる．昼光照明による不快グレアの許容できる程度は，室の用途や作業内容などによる．
>
> 　昼光照明による不快グレアは，予測グレア感（Predicted Glare Sensation Vote；PGSV）によって予測・評価し，制御する．PGSV 値の尺度は，次のとおりである．
>
> 0：感じ始める，1：気になり始める，2：不快と感じ始める，3：ひどすぎると感じ始める

　PGSV は，次式で表される．

$$PGSV = \log \frac{L_s{}^{C_1} \cdot \omega^{C_2}}{L_b{}^{(C_3 - C_4 \cdot \log \omega)}} - C_5$$

$$C_1＝3.2 \qquad C_2＝-0.64 \qquad C_3＝0.61 \qquad C_4＝0.79 \qquad C_5＝8.2$$

ここで，L_s：採光用開口の平均輝度［cd/m²］

L_b：順応輝度［cd/m²］（通常は，作業面の平均輝度）

ω：採光用開口の立体角［sr］

　室の用途や作業内容などによって，昼光照明による不快グレアを厳しく制御する必要がある場合は PGSV 値が 0.9 以下，一般のオフィスでは PGSV 値が 1.2 以下になるよう，昼光を制御する．PGSV の特徴と計算方法を解説 A–3，A–4，A–5 に示す．解説 A–5 に示すとおり，窓面内の高輝度部分をグレア源として評価する場合（グレア源の立体角は小さくなる）と窓面全体をグレア源として評価する場合とで，PGSV 値の相関は高く，反射率の低いブラインドを装備した場合には窓面全体をグレア源とした方が安全側の評価となる．窓からの昼光による不快グレアを評価する際には，窓面全体をグレア源として扱って問題ない．

　ライトガイドのような昼光照明装置については，放光部の大きさによって，グレア光源として照明器具と同等に扱うことができる．放光部の立体角が 0.1 sr 以下（約 3 m の距離で 1 m 角の放光部を見る場合に相当）で，均一輝度光源と見なせるものであれば，屋内人工照明のためのグレア評価法である統一グレア評価法（Unified Glare Rating; UGR）を用いることができる[5-1]．

5.2.2　光幕反射および反射グレア

> 　光幕反射や反射グレアは，視作業において視認性を損なう可能性があるため，次に述べる手段によって防いだり，軽減したりする．
> ・　光源と視作業位置の幾何学的関係を調整する．
> ・　光源の輝度を抑制する．
> ・　作業面周辺の表面を鏡面反射の低いものにする．

　視対象物またはその近傍で発生する鏡面反射は，眼球内の光の散乱および網膜上で局所的な順応の変化を生じさせ，輝度対比の低下を起こす．この輝度対比の低下が，視対象物の詳細の見え方を低下させる．具体的な対策は，次のとおりである．

① あらかじめ視対象，光源，目の位置を検討して，その光の方向性の改善により解消する．

② 採光用開口面の輝度を低減する．

③ カーテンなどで直射日光を遮蔽して，その反射光を制御する．

④ 作業面やその近傍の表面は，光沢のある仕上げを避ける．

5.3　光の方向性

> 　片側採光の場合，窓向きと室奥向きの鉛直面照度の差が大きくなる．この場合，作業面の周囲にあるものの影が，窓の反対側にできる．昼光によって不快な影が生じないよう，昼光の方向性に注意する．

　窓を右側にして作業するような室では，右利きの場合，視作業面に自分の手の影が生じやすい．また，本や書類の山，パソコンなどが影を作ることもある．一般的な視作業には，十分な拡散光に，方向性のある光が適度に加わった状態がよい．昼光照明では，窓などの採光用開口が 1 次光源となるが，室内各面の反射を 2 次光源として利用し，光の拡散性を高めるとよい．

5.3.1　モデリング

> 　モデリングは，ほとんど全ての室内で考慮しなければならない指標であるが，コミュニケーションが必要な場所では，人の顔の表情がよく見えることが必要なため，特に重視される．
> 　指向性の強い光の場では，立体物に輪郭のはっきりした影が得られ，強い光沢（つや）が得られやすい．光の方向性は，採光用開口の大きさや形状，位置，天空光や直射日光の状態，人工照明の状況，室内面の反射率によって異なる．
> 　窓際では，窓を横に見るような位置にいる人の顔など，左右の明暗の差が著しくなって，印象が悪くなる場合がある．モデリングを低下させないためには，次のいずれかの方策をとる．
> ・窓からの入射光をより多く拡散して，室奥まで導入する．
> ・室内面の反射率を高めて，窓からの入射光の方向性を相対的に弱める．
> ・昼光の影響に適切に対応する人工照明設備を計画して，昼光照明と人工照明を効果的に併用する．

　特定の方向からの光が強く，照明光に方向性がある場合を「指向性のある光の場」という．適切な方向からの適度に指向性のある照明光は，空間内の人や物体の見え方をくっきりと際立たせたり，人の肌や物体表面のつやなどの質感を適度に表現したりする．照明でモデリングという場合，照明光の指向性の違いによって生じる物体や人の立体感や質感の見え方を表す．モデリングは，光の指向性と拡散性のバランスによる．視対象物の見え方はあらゆる作業に大きく関わることから，モデリングは，ほとんど全ての室内で考慮すべき指標だが，コミュニケーションが必要な場所では，人の顔の表情がよく見えることが要件であるため，特に重視される．

　指向性の強い照明光によって，立体物に輪郭のはっきりした影が得られ，強い光沢（つや）が得られやすい．拡散性の強い照明によって，人や物体の影の輪郭はなだらかで，光沢（つや）は弱くなる．人や物体などの対象に対して，適切な方向から適切な強さのバランスのとれた昼光を導入することで，形や材質・光沢（つや）などの質感がはっきりと好ましく見え，モデリングの効果が高くなる．ただし，濃く不快な影を生じるような，指向性が強すぎる照明は避けるようにする．

　昼光の方向性は，採光用開口の大きさや形状，位置，直射日光や天空光の状態，人工照明，室内面の反射率によって異なる．採光用開口の面積が小さいほど，人工照明からの光に対して昼光の導入量が多いほど，昼光の方向性は強くなる．昼光の方向性は，ブラインド，レースカーテン，ロールスクリーンなどによって調整することができる．ブラインドのスラット角を適切に制御すれば，窓から入る昼光を天井面で反射させ，室奥まで導入できる．その結果，昼光の方向性は弱くなる．レースカーテンやロールスクーンでは，繊維の透過率が高いほど，かつ空隙率が小さいほど，昼光の方向性は弱くなる．

5.3.2 シルエット現象

　昼間に窓などの採光面では，天井面や壁面などの室内面に比べて，輝度が高くなる．その結果，窓が背になるような位置に存在する人や物体の輪郭が黒く抜けて，シルエット状に見える現象が生じる．シルエット現象を防止するには，次のいずれかの方策をとる．
・背景となる採光面の輝度を低下させる．
・室内の照明光の拡散性を高める．

　シルエット現象の評価は，人の顔の見え方を基準にして考えられている．シルエット現象は，人が受ける照度（人からの反射光の輝度）が，背景の採光面の輝度に対して不十分であるために生じる現象で，目が高輝度の採光面に順応した状態では，人の輝度分布を十分に識別できないためであると考えられている．室内の各位置で，背景（採光面）の輝度に対する室奥向きの鉛直面照度の比を求めた時，0.25〜0.3 の範囲であれば，やや良いとされる[5-2]．

　シルエット現象は，室内から窓などの採光面へ向かう光を増やすか，採光面の輝度を低下させることで防止できる（図 5.1）．ただし，カーテンやブラインドなどによる採光面の輝度低下は，室奥側の照度不足をもたらしやすいので，注意が必要である．

図 5.1　シルエット現象とその防止

5.4　光色と演色性

　昼光の色温度は，天空状態や時刻によって変化する．昼光と人工光の色を融合させた照明空間とする場合には，併用照明に用いる人工光の色は，昼光に近いものが望ましい．

　昼光の分光分布は，天候や時刻によって変動し，昼光の色も変化するが，人の目は，すぐ昼光の色に順応する．光源の演色性の評価は，昼光を基準の光としている．直射日光は黄色みを帯びており，青空からの光は青白い．朝焼けや夕焼けの光は赤みを帯びている．

　昼光の色は，天候や時刻，天空の位置（方位）によって変化するが，設計する立場としては，検討する採光用開口に直射日光が入りやすいかどうかで判断すればよい．一般的には，採光用開口の方位で昼光の色を考える．

　ある分光分布を持つ発光体が黒体（すべての波長の放射を完全に吸収すると仮想された理想的な物体）である時，その絶対温度と放射（黒体放射）の分光分布は1対1に対応し，その色は絶対温度で示すことができる．この考え方から定められたものが色温度である [5-3]．色温度は，ある放射の色度が黒体放射の色度と一致する時，その放射の色度を完全黒体の絶対温度で表したものである．ある放射の色度が黒体放射の色度と一致しない時，色度が最も近い完全黒体の絶対温度で表したものを相関色温度という．ただし，相関色温度は，白色光に限って適用される（等色差空間 uv 色度図上で，黒体軌跡からの偏差 d_{uv} が約 ±0.02 以内）[5-4]．色温度または相関色温度が高いほど，青みがかった光色に，色温度または相関色温度が低いほど，赤みがかった光色に見える．

　色度図上で，一連の絶対温度における黒体放射の色度点を結んだ線を，黒体軌跡という．図 5.2 に，CIE 1960 UCS 色度図（uv 色度図）で黒体軌跡および相関色温度の等色温度線の例を示す．黒体軌跡より上側の色度を持つ光色は緑みが強く，下側の色度を持つ光色は，紫みが強く見える．昼光も人工光も，その色度は黒体軌跡上にない場合が多い．厳密には色温度と相関色温度を区別する必要があるが，以下，色温度と総称する．

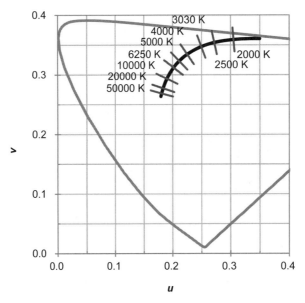

図 5.2　黒体軌跡と相関色温度

　青空からの光の色温度は，天空輝度や天空放射輝度の分布と同様に，天空要素と太陽との位置関係によって異なる [5-5)-5-7]．太陽に近い部分の青空光の色温度は低く，太陽から離れた部分の青空光の色温度は高い．青空光の色温度は，およそ 6 000 K〜30 000 K，雲からの光の色温度は，およそ 6 000 K〜6 500 K と考えてよい [5-8]．北の天空光の色温度は比較的高く，変動が大きい．南の天空光の色温度は比較的低く，変動は小さい．東と西の天空光の色温度は，それらの中間と考えてよい．青空からの光は黒体軌跡の上側，曇天からの光は

黒体軌跡の下側の色度を持つ場合が多い[5-5), 5-10,) 5-11]. 特に北の天空光の色温度は高く，色度は黒体軌跡より上側にあり，室内は冷ややかで堅い感じになりやすい. 図5.3に昼光の色温度の代表的な値を示す[5-9]. 表5.1に，天空光の色温度の測定例（1968年6月〜11月；約90例）を示す[5-10), 5-11]. 方位による昼光の色の違いは，天空輝度分布と同様に快晴や晴天の場合に大きい.

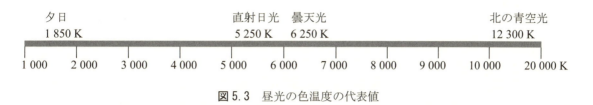

図5.3　昼光の色温度の代表値

表5.1　天空光の色温度の測定例（北緯37.4°・東経139°）

天空状態	北	東	南
全平均	7 350 K	7 100 K	6 020 K
快晴（雲量0〜2）平均	11 760 K	10 200 K	5 590 K
晴（雲量3〜7）平均	8 480 K	7 460 K	6 330 K
曇（雲量8〜10）平均	6 170 K	6 280 K	6 020 K

　昼光と人工光を併用する空間で両光源の光色を融合させた照明環境をつくるには，昼光の色温度に順じて，色温度が高めの人工光を用いることが望ましい. しかし，色温度が同程度であっても，昼光と人工光とで色の見え方は異なる場合がある. 物体の色の見え方は，物体を照らす光源からの光が物体で反射したもの（反射光）によって変わる. 一般に，物体を照らす光源からの光の分光分布が異なると，物体の色の見え方は異なる. 人工光の光色を決める時は，色温度だけでなく，色度にも注意し，黒体軌跡からの偏差の小さい人工光を選ぶことが望ましい.

6. 昼光照明計算

6.1　昼光照明計算の流れ

　昼光照明環境を予測・評価するためには，詳細計算法または簡易計算法によって，昼光照明計算を行う. いずれの計算法においても，昼光光源（直射日光と天空光），空間形状の設定，反射特性・透過特性，計算アルゴリズムを的確に選択することが求められる. 昼光の本質的な特徴は，時々刻々と変動することにあるため，特別な場合を除けば，ある瞬時の状況を知ることに意味はなく，いずれの計算法においても，特定の期間（年間，季節ごとなど）における昼光照明の推移や，ある状況の出現率を検討しなければならない.

　昼光照明計算手法にはさまざまな経路があるが，本規準では，以下に示す2通りの経路を主たる昼光照明計算手法として提示する. 図6.1に昼光照明計算の流れを示す.
　第1の経路（以下，詳細計算法という）は，光束伝達法，光線追跡法，またはその改良アルゴリズムに基づいて，昼光によって室内にもたらされる光の挙動を詳細に計算し，輝

度分布・照度分布を予測するものである．多くの場合，市販または無償で提供されている照明計算プログラムを用いることになる．詳細計算においては，さまざまな天候・季節ごとの太陽輝度・天空輝度分布，建物や対象空間の詳細な形状，室内の各面ごとの詳細な反射・透過特性，屋外の条件を考慮した時々刻々の室内輝度分布・照度分布の年間を通した予測が可能である．さらに，求めた輝度分布からグレアの予測評価ができる．

　第 2 の経路（以下，簡易計算法）は，天空光の影響のみを考慮することとして，昼光率を用いるものである．まず，立体角投射率を用いて直接昼光率（昼光率の天空成分と屋外反射成分の和）を求め，次に作業面切断の式を用いて間接昼光率（昼光率の屋内反射成分）を計算する．得られた昼光率に全天空照度を乗じることで照度を求め，必要な場合は，室内表面が均等拡散面であると想定して輝度を算出する．この経路で計算された照度は，昼光照明で得られる最低基準を検討するための値であり，各地域の全天空照度の年間累積出現率から，年間を通した昼光の確率的な効果を予測する．簡易計算法では，直射日光は考慮されていないこと，複雑な空間形状や日射遮蔽物の検討は困難であること，室内の各面は原則として均等拡散面と想定することなどに留意が必要である．

　昼光は時々刻々と変動することに特徴があるため，特別な場合を除けば，ある瞬時の状況を知ることに意味はなく，特定の期間（年間，季節ごとなど）における昼光照明の推移や，ある状況の出現率を知ることが重要である．詳細計算法は，年間を通した昼光データ（太陽輝度・天空輝度分布）を用いることにより，昼光照明の年間計算を可能にする．一方，簡易計算法では，全天空照度の年間累積出現率から昼光の確率的な効果を把握する．

　特別な場合として，夏至や冬至など特定の日について，ブラインドやカーテンなどを通した瞬時の影響を事前に把握することがある．その場合は，詳細計算法の中で，特定の日と時刻の昼光データを用いて計算する．

　ブラインドやカーテンなどの分光透過特性，ひさしやルーバー，内装材などの分光反射特性を考慮して，室内の光の分光分布や色温度を計算することも，原理的には可能である．ただし，現時点では昼光の分光特性などのデータ整備が進んでいないため，本規準における昼光照明計算の目的は，室内の照度・輝度を求めて推奨値との対応を検討することと，輝度分布からグレアを予測することに絞る．

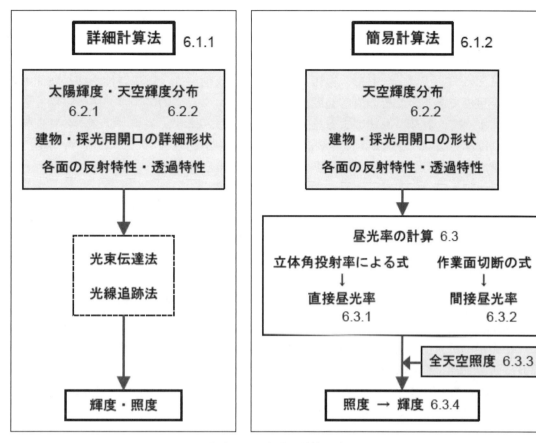

図 6.1 昼光照明計算の流れ

6.1.1 詳細計算法

> 詳細計算法においては，時々刻々の太陽位置（太陽の高度と方位角），直射日光照度（または太陽輝度）および天空輝度分布について，それぞれ適切な値を使用して昼光照明計算を行い，照度分布・輝度分布を算出する．

詳細計算法において CIE 標準曇天空や CIE 標準晴天空を用いれば，ある特定の日（例えば夏至や冬至）の曇天または晴天における昼光照明環境を計算することができるが，現実には，完全に CIE 標準曇天空や CIE 標準晴天空に一致する輝度分布を持つ天空が出現する率は非常に低く，あくまで想定上の昼光照明環境に過ぎないことに留意する．

そのため，昼光照明計算においては，特定の期間（年間，季節ごとなど）における昼光照明の推移や，ある状況の出現率を求めることを重視する．昼光光源としては，時々刻々の直射日光と天空光の情報が必要であり，直射日光については 6.2.1 項に示す方法により，太陽位置（太陽の高度と方位角）および直射日光照度（または太陽輝度）の値を得る．天空光については 6.2.2 項に示す方法により，天空モデルの *i-All Sky Model* または All-weather Model を用いて CIE 標準一般天空の天空タイプを選択する．CIE 標準一般天空は，天空要素の輝度を天頂輝度に対する相対値で示すため，詳細計算法で用いる天空輝度分布の絶対値を得るには，天頂輝度の値が必要である．

　計算対象地域を東京圏に限れば，上記の推定方法によらずに，1990年〜2000年の気象観測データを基に標準年気象データとして整備された昼光データ（太陽輝度・天空輝度分布）を用いる方法がある.

　詳細計算法においては，一般に，複雑な形状および反射特性・透過特性を持つ空間と素材の計算が可能であるが，その対応範囲は照明計算プログラムのアルゴリズムに深く依存する．したがって，詳細計算法による昼光照明計算では，まず，アルゴリズムの特性を熟知しなければならない．解説 B-1 に詳細計算に必要な照明計算プログラムの要件，解説 B-2 に光束伝達法と光線追跡法における相互反射計算の原理を示す.

6.1.2　簡易計算法

> 　簡易計算法においては，CIE 標準曇天空を用いて昼光率を計算し，全天空照度の年間累積出現率から，年間を通した昼光の確率的な効果を予測する.

　簡易計算法では，6.3.1 項に示す方法により CIE 標準曇天空を用いて直接昼光率を計算し，続いて 6.3.2 項に示す方法により間接昼光率を計算し，両者を合わせて昼光率を求める．得られた昼光率に全天空照度を乗じることにより，室内各点の照度を求めることができる．解説 B–3 で昼光率について説明する.

　CIE 標準曇天空を用いることにより，屋外がかなり暗い条件で昼光から得られる照度を計算することになるため，この方法の主たる目的は，昼光照明環境の最低基準確保の検討になる．より簡易に一様天空を用いる場合があるが，これは採光用開口の大凡の大きさを検討する場合などの方法として位置付けられる.

6.2　昼光光源

> 　昼光光源は，太陽からの放射が地表面に直接到達する直射日光と，大気で散乱・反射されて地表面に到達する天空光で構成される．昼光照明計算において，直射日光については太陽位置と直射日光照度（または太陽輝度）の値が必要であり，天空光については天空輝度分布が必要である.

　昼光は直射日光と天空光に大別され，季節，時刻，天候などによって地表における太陽放射の分光分布，天空輝度分布は大きく変化する．昼光が屋外の地物で反射して屋内に入る地物反射光の影響は，直射日光と天空光に比べて光量は少ないが，無視できないことがある.

　居住者に対する生理的心理的効果の観点から，室の用途によって，直射日光の直接的な入射は必ずしも否定されるものではない．特に午前中の直射日光は，概日リズムの調整に重要な役割を持つ．直射日光の利用方法には，その強い方向性を緩和するために，建材で拡散反射または拡散透過させて室内に間接的に採り入れるもの，変化する太陽位置に追従して集光して光ファイバで屋内に採り入れるもの，建物の屋上などの高い場所に設置した反射鏡で，直射日光を反射させて屋内に採り入れるものなどがある.

　昼光照明設計では，居住者の視覚特性，室内の内装や家具などによる影響，人工照明や空調などの建築設備システムとの連携を十分に考慮して，直射日光，天空光，地物反射光

の利用や制御を的確に行うことが望ましい．そのためには，詳細計算法により直射日光を考慮した昼光照明計算が必要である．直射日光を含めた年間を通した昼光照明計算を行うことで，昼光の導入と共に，日射熱取得による冷房負荷の増大と暖房負荷の削減などを十分に考慮した総合的なエネルギー性能の検討が可能となる．

6.2.1 直射日光の取扱い

> エネルギー性能を含む昼光の総合的な効果を検討するためには，直射日光を考慮する必要がある．そのためには詳細計算法に則った昼光照明計算において，太陽位置および直射日光照度（または太陽輝度）の値を用いる．

直射日光は，大気層を透過して直接地表面に到達する太陽放射の一部である．地表面における直射日光は，ほぼ平行な光であり，その方向は，検討する地点の緯度と日時から求める太陽位置によって定まる．ある地点の太陽位置は，太陽の高度と方位角によって表される．ここで，高度とは水平線を基準（0°）として上向きに測った角度であり，方位角とは南を基準（0°）として西回りを正の値，東回りを負の値で測った角度である．ある地点のある時刻における太陽の高度と太陽の方位角は，次の式から求められる．

$$\sin h_s = \sin \phi \sin \delta + \cos \phi \cos \delta \cos t$$

$$\cos \alpha_s = \frac{\sin h_s \sin \phi - \sin \delta}{\cos h_s \cos \phi}$$

$$\sin \alpha_s = \frac{\cos \delta \sin t}{\cos h_s}$$

ここで，h_s：太陽の高度 [deg]
α_s：太陽の方位角 [deg]（真南を0°とする）
ϕ：ある地点の緯度 [deg]
δ：ある時刻の太陽の赤緯 [deg]
t：ある時刻の時角 [deg]（真南を0°とする）

① $\sin \alpha_s > 0$ かつ $\cos \alpha_s < 0$ の時

$$\alpha_s = \tan^{-1}\left(\frac{\sin \alpha_s}{\cos \alpha_s}\right) + 180$$

② $\sin \alpha_s < 0$ かつ $\cos \alpha_s < 0$ の時

$$\alpha_s = \tan^{-1}\left(\frac{\sin \alpha_s}{\cos \alpha_s}\right) - 180$$

③ 上記以外の時

$$\alpha_s = \tan^{-1}\left(\frac{\sin \alpha_s}{\cos \alpha_s}\right)$$

時角 t [deg] は，次式で求められる．

$$t = 15(T_m - 12) + (L - L_0) + 15E$$

ここで，T_m：標準時［時］

L：ある地点の経度［deg］

L_0：標準時の地点の経度［deg］（日本の場合は明石の東経 135°）

E：均時差［時］

均時差 E［時］は，次式で求められる．

$$E = \frac{9.9 \sin 2\phi_s - 7.7 \sin(\phi_s - \phi_{s0})}{60}$$

ここで，ϕ_s：太陽の黄経［deg］

ϕ_{s0}：近日点での太陽の黄経［deg］（約 283°）

赤緯 δ［deg］は，次式で求められる．

$$\delta = 23.44 \sin \phi_s$$

ここで，ϕ_s：太陽の黄経［deg］

太陽の黄経は，春分に 0°，夏至に 90°，秋分に 180°，冬至に 270° となる．1 年を 365 日として，近日点を 1 月 4 日，春分を 3 月 21 日，秋分を 9 月 23 日とすると，太陽の黄経 ϕ_s［deg］は次式で近似される．

① 1 月 1 日〜3 月 20 日（1≦n≦79）

$$\phi_s = 1.01(100 + n) + 180$$

② 3 月 21 日〜9 月 22 日（80≦n≦265）

$$\phi_s = 0.96(n - 80)$$

③ 9 月 23 日〜12 月 31 日（266≦n≦365）

$$\phi_s = 1.01(n - 266) + 180$$

地表面における直射日光は，太陽の位置と大気の状態によって異なり，直射日光を受ける面の直射日光照度は，その面の方位と傾斜角に依存する．日射量は世界的に気象官署などで測定されているが，照度は測定されていない．したがって，詳細計算法で必要な直射日光照度を含む昼光の照度は，日射量から発光効率を用いて推定する．

法線面直達日射量と法線面直射日光照度の関係は次式で表される．

$$E_{vs,n} = ef\_E_{vs,n} \cdot E_{es,n}$$

ここで，$E_{vs,n}$：法線面直射日光照度［lx］

　　　　　$E_{es,n}$：法線面直達日射量［W/m²］

　　　　　$ef\_E_{vs,n}$：法線面直射日光照度の発光効率［lm/W］

　法線面直射日光照度の発光効率について，昼光と日射の実測資料から導いた種々のモデルが提案されているが，国際的に合意されたものはない．そのため参考資料として，「拡張アメダス気象データ」で用いられている発光効率モデルを解説 B-4 に示す[6-1]．法線面直達日射量が気象官署などで観測されることは稀であり，観測された全天日射量を直達日射量と天空日射量に直散分離した値を用いるのが現実的である．直散分離モデルは国内外で多数提案されているが，天空放射輝度に分布があることを前提としたモデルを用いることが望ましい．

　昼光照明の詳細計算法で太陽輝度が必要な場合，太陽の視野角を設定して，法線面直射日光照度から太陽輝度に換算する．

$$L_s = E_{vs,n}/\omega_s$$

ここで，L_s：太陽輝度［cd/m²］

　　　　　$E_{vs,n}$：法線面直射日光照度［lx］

　　　　　ω_s：太陽の立体角［sr］（$\omega_s = 2\pi\{1 - \cos(\theta_s/2)\}$）

　　　　　θ_s：太陽の視野角［rad］

一般に，太陽の視野角には 0.5 度（0.0087 rad）が用いられる．

6.2.2　天空光の取扱い

> 天空光は天候状態により種々の様相を示すため，昼光照明設計では，天空輝度分布を十分に考慮する．

　天空光は，太陽放射が大気を透過する際に，大気中のエアロゾルや雲，塵などの微粒子によって散乱・吸収されて地表面に到達する光である．光源としての天空光の状態は，太陽の位置や大気の状態に依存する天空輝度分布で示される．詳細計算法においては，日射量から以下に示す CIE 標準一般天空を選択し，簡易計算法においては CIE 標準曇天空を用いる．

　CIE 標準曇天空は，天空全体が厚い雲に覆われて，太陽の位置が識別できないような天空の輝度分布を想定している．その輝度は，太陽の位置や天空要素の方位に関係なく，天空要素の高度のみで決まる．CIE 標準曇天空の従来式は，天頂輝度の相対値として次式で表される．

$$\frac{L_o}{L_{zo}} = \frac{1 + 2 \cdot \sin\gamma}{3}$$

ここで，L_o：曇天空の輝度［cd/m²］

L_{zo}：曇天空の天頂輝度〔cd/m²〕

γ：天空要素の高度〔rad〕

　全天にわたって各天空要素の輝度に立体角投射率とπを乗じたものの積分値は，全天からの天空光照度である．CIE標準曇天空による全天空照度は，曇天空の天頂輝度をL_{zo}〔cd/m²〕として，$7\pi L_{zo}/9$〔lx〕である．曇天空の天頂輝度は，太陽高度の関数として次式で表される[6-2, 6-3]．

$$L_{zo} = \left[15.0 \cdot (\sin\gamma_s)^{1.68} + 0.07\right] \times 1000$$

ここで，L_{zo}：曇天空の天頂輝度〔cd/m²〕

γ_s：太陽高度〔rad〕

　CIE標準曇天空と対比して，雲がほとんどない晴天空に関するCIE標準晴天空を示す[6-4]．その輝度は，図6.2に示すように，天空要素と太陽の位置関係で決まる．ただし，天空輝度分布を求める場合，方位角とは北を基準（0°）として西回りに測った角度である．CIE標準晴天空の輝度は，天頂輝度の相対値として次式で表される．

$$\frac{L_c}{L_{zc}} = \frac{f(\zeta) \cdot \varphi(Z)}{f(Z_s) \cdot \varphi(0)}$$

$$\varphi(Z) = 1 + a \cdot \exp(b/\cos Z) \quad (0 \leqq Z \leqq \pi/2 \text{ のとき})$$

$$\varphi(\pi/2) = 1 \quad (Z = \pi/2 \text{ のとき})$$

$$\varphi(0) = 1 + a \cdot \exp(b)$$

$$f(\zeta) = 1 + c\{\exp(d \cdot \zeta) - \exp(d \cdot \pi/2)\} + e \cdot \cos^2\zeta$$

$$f(Z_s) = 1 + c\{\exp(d \cdot Z_s) - \exp(d \cdot \pi/2)\} + e \cdot \cos^2 Z_s$$

$$f(\pi/2 - \gamma_s) = 0.91 + 10 \cdot \exp\{-3(\pi/2 - \gamma_s)\} + 0.45 \cdot \cos^2(\pi/2 - \gamma_s)$$

$$\zeta = \arccos(\cos Z_s \cdot \cos Z + \sin Z_s \cdot \sin Z \cdot \cos|\alpha - \alpha_s|)$$

澄んだ大気のとき　　　$a = -1$　　$b = -0.32$　　$c = 10$　　$d = -3$　　$e = 0.45$

汚染された大気のとき　$a = -1$　　$b = -0.32$　　$c = 16$　　$d = -3$　　$e = 0.3$

ここで，$f(\zeta)$：散乱関数

$\varphi(Z)$：天空要素の高度に関する輝度の階調関数

L_c：晴天空の輝度〔cd/m²〕

L_{zc}：晴天空の天頂輝度〔cd/m²〕

γ：天空要素の高度〔rad〕

γ_s：太陽高度［rad］

Z：天空要素の天頂角（$Z=\pi/2-\gamma$）［rad］

Z_s：太陽の天頂角（$Z_s=\pi/2-\gamma_s$）［rad］

α：天空要素の方位角［rad］（真北を0°とする）

α_s：太陽の方位角［rad］（真北を0°とする）

ζ：天空要素と太陽との角距離［rad］

晴天空の天頂輝度は，太陽高度の関数として次式で表される[6-2),6-3)].

$$L_{zc} = \left[6.4 \cdot \left\{\tan(0.846 \cdot \gamma_s)\right\}^{1.18} + 0.14\right] \times 1000$$

ここで，L_{zc}：晴天空の天頂輝度［cd/m²］

γ_s：太陽高度［rad］

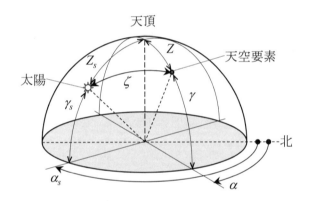

図 6.2　天空要素と太陽の位置

　詳細計算法による年間または，ある特定期間を通した実用的な昼光照明設計のために，曇天空から晴天空までの天空状態を包括的に表す CIE 標準一般天空が，国際標準として定められている[6-5)]．CIE 標準一般天空は，同一の基本式を用いて 15 種類の天空輝度分布を表している．CIE 標準曇天空の従来式は，CIE 標準一般天空の天空タイプ 1 の式で近似される．CIE 標準晴天空は，CIE 標準一般天空のタイプ 12（澄んだ大気）とタイプ 13（汚染された大気）である．

　図 6.2 に示すような天空要素と太陽の位置関係において，CIE 標準一般天空の輝度 L_a は，天頂輝度 L_{vd} の相対値として，次の基本式で表される．

$$\frac{L_a}{L_{vd}} = \frac{f(\zeta) \cdot \varphi(Z)}{f(Z_s) \cdot \varphi(0)}$$

$$\varphi(Z) = 1 + a \cdot \exp(b/\cos Z) \quad （0 \leqq Z \leqq \pi/2 \text{ のとき}）$$

$$\varphi(\pi/2) = 1 \quad （Z=\pi/2 \text{ のとき}）$$

$$\varphi(0) = 1 + a \cdot \exp(b)$$

$$f(\zeta) = 1 + c\{\exp(d \cdot \zeta) - \exp(d \cdot \pi/2)\} + e \cdot \cos^2\zeta$$

$$f(Z_s) = 1 + c\{\exp(d \cdot Z_s) - \exp(d \cdot \pi/2)\} + e \cdot \cos^2 Z_s$$

$$f(\pi/2 - \gamma_s) = 0.91 + 10 \cdot \exp\{-3(\pi/2 - \gamma_s)\} + 0.45 \cdot \cos^2(\pi/2 - \gamma_s)$$

$$\zeta = \arccos(\cos Z_s \cdot \cos Z + \sin Z_s \cdot \sin Z \cdot \cos|\alpha - \alpha_s|)$$

ここで，$f(\zeta)$：散乱関数
$\varphi(Z)$：天空要素の高度に関する輝度の階調関数
L_a：天空輝度 ［cd/m²］
L_{vd}：天頂輝度 ［cd/m²］
γ：天空要素の高度 ［rad］
γ_s：太陽高度 ［rad］
Z：天空要素の天頂角 （$Z = \pi/2 - \gamma$）［rad］
Z_s：太陽の天頂角 （$Z_s = \pi/2 - \gamma_s$）［rad］
α：天空要素の方位角 ［rad］（真北を 0 とする）
α_s：太陽の方位角 ［rad］（真北を 0 とする）
ζ：天空要素と太陽との角距離 ［rad］
a, b, c, d, e：係数 （表 6.1）

表6.1 CIE標準一般天空のタイプと係数

タイプ	a	b	c	d	e	天空状態
1	4	−0.7	0	−1	0	CIE標準曇天空；天頂へ向かって輝度の急激な階調がある．方位について輝度は一様．
2	4	−0.7	2	−1.5	0.15	曇天空；輝度の急激な階調があり，太陽へ向かって若干明るくなっている．
3	1.1	−0.8	0	−1	0	曇天空；輝度の緩やかな階調がある．方位について輝度は一様．
4	1.1	−0.8	2	−1.5	0.15	曇天空；輝度の緩やかな階調があり，太陽へ向かって若干明るくなっている．
5	0	−1	0	−1	0	一様天空
6	0	−1	2	−1.5	0.15	部分的に雲が存在する天空；天頂へ向かって輝度の階調はなく，太陽へ向かって若干明るくなっている．
7	0	−1	5	−2.5	0.3	部分的に雲が存在する天空；天頂へ向かって輝度の階調はなく，太陽の周りが明るい．
8	0	−1	10	−3	0.45	部分的に雲が存在する天空；天頂へ向かって輝度の階調はなく，はっきりした光冠がある．
9	−1	0.55	2	−1.5	0.15	部分的に雲が存在する天空；太陽は見えない．
10	−1	−0.55	5	−2.5	0.3	部分的に雲が存在する天空；太陽の周りが明るい．
11	−1	−0.55	10	−3	0.45	白っぽい晴天空；はっきりした光冠がある．
12	−1	−0.32	10	−3	0.45	CIE標準晴天空；澄んだ大気．
13	−1	−0.32	16	−3	0.3	CIE標準晴天空；汚染された大気．
14	−1	−0.15	16	−3	0.3	雲のない混濁した晴天空；広い光冠がある．
15	−1	−0.15	24	−2.8	0.15	白っぽい混濁した晴天空；広い光冠がある．

　CIE標準一般天空を昼光照明の設計と評価に利用するには，天空状態に関する説明に従って天空のタイプを設定する[6-6]．直射日光を含まない天頂輝度は，次式で求められる．

$$L_{vz} = \frac{E_{vd}}{E_{voh}} \left[B \frac{(\sin \gamma_s)^C}{(\cos \gamma_s)^D} + E \sin \gamma_s \right]$$

ここで，L_{vz}：天頂輝度〔kcd/m²〕
　　　　E_{vd}：天空光照度〔klx〕
　　　　E_{voh}：大気外法線照度（太陽照度定数＝133.8 klx）の水平面成分〔klx〕
　　　　γ_s：太陽高度〔rad〕
　　　　B, C, D, E：係数（表6.2）

大気外法線照度の水平面成分に対する天空光照度の比 E_{vd}/E_{voh} の典型的な値は，表 6.2 に示すとおりである．

表 6.2　CIE 標準一般天空の天頂輝度に関する式の係数

タイプ	階調関数グループ	散乱関数グループ	天空状態	典型的な E_{vd}/E_{voh}	B kcd/m²	C	D	E kcd/m²
1	I	1	CIE 標準曇天空；天頂へ向かって輝度の急激な階調がある．方位について輝度は一様．	0.10	54.63	1.00	0.00	0.00
2	I	2	曇天空；輝度の急激な階調があり，太陽へ向かって若干明るくなっている．	0.10	12.35	3.68	0.59	50.47
3	II	1	曇天空；輝度の緩やかな階調がある．方位について輝度は一様．	0.15	48.30	1.00	0.00	0.00
4	II	2	曇天空；輝度の緩やかな階調があり，太陽へ向かって若干明るくなっている．	0.20	12.23	3.57	0.57	44.27
5	III	1	一様天空	0.22	42.59	1.00	0.00	0.00
6	III	2	部分的に雲が存在する天空；天頂へ向かって輝度の階調はなく，太陽へ向かって若干明るくなっている．	0.30	11.84	3.53	0.55	38.78
7	III	3	部分的に雲が存在する天空；天頂へ向かって輝度の階調はなく，太陽の周りが明るい．	* 0.38 ** 0.35	21.72	4.52	0.64	34.56
8	III	4	部分的に雲が存在する天空；天頂へ向かって輝度の階調はなく，はっきりした光冠がある．	* 0.39 ** 0.40	29.35	4.94	0.70	30.41
9	IV	2	部分的に雲が存在する天空；太陽は見えない．	* 0.32 ** 0.35	10.34	3.45	0.50	27.47
10	IV	3	部分的に雲が存在する天空；太陽の周りが明るい．	* 0.28 ** 0.30	18.41	4.27	0.63	24.04
11	IV	4	白っぽい晴天空；はっきりした光冠がある．	* 0.26 ** 0.30	24.41	4.60	0.72	20.76
12	V	4	CIE 標準晴天空；澄んだ大気．	* 0.25 ** 0.30	23.00	4.43	0.74	18.52
13	V	5	CIE 標準晴天空；汚染された大気．	* 0.26 ** 0.30	27.45	4.61	0.76	16.59
14	VI	5	雲のない混濁した晴天空；広い光冠がある．	* 0.28 ** 0.30	25.54	4.40	0.79	14.56
15	VI	6	白っぽい混濁した晴天空；広い光冠がある．	* 0.28 ** 0.30	28.08	4.13	0.79	13.00

* 日が照っている状態，** 太陽が遮られた状態

天空光照度は，次式で求められる．

$$E_{vd} = \int_{Z=0}^{\pi/2} \int_{\alpha=0}^{2\pi} L_a \sin Z \cos Z \, \mathrm{d}\alpha \mathrm{d}Z = L_{vd} \int_{Z=0}^{\pi/2} \int_{\alpha=0}^{2\pi} \frac{f(\zeta) \cdot \varphi(Z)}{f(Z_s) \cdot \varphi(0)} \sin Z \cos Z \, \mathrm{d}\alpha \mathrm{d}Z$$

ここで，E_{vd}：天空光照度 [lx]
$\quad\quad L_a$：天空要素の輝度 [cd/m²]
$\quad\quad Z$：天空要素の天頂角 [rad]
$\quad\quad Z_s$：太陽の天頂角 [rad]
$\quad\quad \alpha$：太陽の方位角に関する天空要素の方位角 [rad]
$\quad\quad \zeta$：天空要素と太陽との角距離 [rad]

　CIE 標準一般天空における散乱関数と階調関数の係数 a, b, c, d, e は，天空モデルの i-All Sky Model または All-weather Model を用いて，気象データに含まれる日射量のデータから決定する．I-All Sky Model は，日本国内の測定データを基に，天空状態について晴天指標（clear sky index）と澄清指標（cloudless index）を定義し，連続的に係数 a, b, c, d, e を求めている[6-7]．晴天指標は，基準全天日射量に対する全天日射量の比が大きいほど大きくなる指標であり，澄清指標は，全天日射量に占める天空日射量の割合が小さいほど大きくなる指標である．解説 B–5 に i-All Sky Model から係数 a, b, c, d, e と天頂輝度を求める方法を示す．

6.3　簡易計算法による計算

> 　簡易計算法においては，昼光率を用いる．立体角投射率を用いて直接昼光率（昼光率の天空成分と屋外反射成分の和）を求め，作業面切断の式を用いて間接昼光率（昼光率の屋内反射成分）を計算する．

　簡易計算法においては，立体角投射率を用いて直接昼光率（昼光率の天空成分と屋外反射成分の和）を求め，次に作業面切断の式を用いて間接昼光率（昼光率の屋内反射成分）を計算する．得られた昼光率に全天空照度を乗じることで照度を求め，必要な場合は，室内表面が均等拡散面であると想定して輝度を算出する．

6.3.1　直接昼光率の計算

> 　天空光による室内の直接昼光率は，その天空から直接またはガラスを通して受けた光によって得られる直接昼光率（昼光率の天空成分）と，その天空により直接または間接的に照らされた屋外反射面からの地物反射光によって得られる直接昼光率（昼光率の屋外反射成分）をそれぞれ計算し，両者を合算して求める．

　天空光による室内の直接昼光率 D_{sd} [−] は，検討点から望む天空部分を立体角投射率 5% 以下になるように等分割し，各区分中心の輝度を L_{si} [cd/m²]，立体角投射率を c_{si} [−]，ガ

ラスなど透過材料の透過率を τ [-]，採光用開口の保守率を M [-]，全天空照度 E_s [lx] として，次式で求められる．

$$D_{sd} = M \cdot \tau \cdot \pi \cdot \sum_i (L_{si} \cdot c_{si}) / E_s$$

ここで，M：採光用開口の保守率 [-]
　　　　τ：採光用開口の透過材料の透過率 [-]
　　　　L_{si}：分割した天空部分の輝度 [cd/m²]
　　　　c_{si}：分割した天空部分の立体角投射率 [-]
　　　　E_s：全天空照度 [lx]

　立体角投射率の計算方法を解説 B-6 に示す．採光用開口の保守率 M [-] は，汚染による透過率の低下を表すもので，地域の大気汚染の程度，清掃の状況，採光用開口の傾斜角などにより 0.25（工場地帯；汚染；傾斜角 0°〜30°）から 0.9（田舎・郊外；清潔；傾斜角 60°〜90°）の値をとる [6-8]．主な光透過材料（ガラス）の透過率を解説 B-7 に示す．具体的には，窓ガラスなどの建材メーカーが提供するカタログ，または設計資料を参照する．
　CIE 標準曇天空による室内の直接昼光率 D_{sd} [-] は，次式で求めることができる．

$$D_{sd} = M \cdot \tau \cdot c_{cloud}$$

ここで，M：採光用開口の保守率 [-]
　　　　τ：採光用開口の透過材料の透過率 [-]
　　　　c_{cloud}：保守率と透過材料の透過率を 1 とした CIE 標準曇天空による直接昼光率 [-]

　図 6.3 (a) に示すような長方形光源と垂直な受照面上の点 P の c_{cloud} は，CIE 標準曇天空の従来式を用いて次式で求められる．

$$c_{cloud} = \frac{1}{28\pi}\left[8\left\{ \tan^{-1}\frac{xy}{z\sqrt{x^2+y^2+z^2}} - \frac{xyz}{(z^2+y^2)\sqrt{x^2+y^2+z^2}} \right\} \right.$$
$$\left. + 6\left\{ \tan^{-1}\frac{x}{z} - \frac{z}{\sqrt{z^2+y^2}}\tan^{-1}\frac{x}{\sqrt{z^2+y^2}} \right\} \right]$$

　図 6.3 (b) に示すような長方形光源と平行な受照面上の点 P の c_{cloud} は，CIE 標準曇天空の従来式を用いて次式で求められる．

$$c_{cloud} = \frac{1}{28\pi}\left[8\left\{ \frac{xyz(x^2+y^2+2z^2)}{(x^2+z^2)(z^2+y^2)\sqrt{x^2+y^2+z^2}} + \tan^{-1}\frac{xy}{z\sqrt{x^2+y^2+z^2}} \right\} \right.$$
$$\left. + 6\left\{ \frac{x}{\sqrt{x^2+z^2}}\tan^{-1}\frac{y}{\sqrt{x^2+z^2}} + \frac{y}{\sqrt{z^2+y^2}}\tan^{-1}\frac{x}{\sqrt{z^2+y^2}} \right\} \right]$$

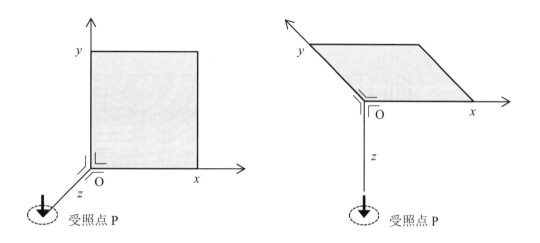

(a) 光源と垂直な受照面   (b) 光源と平行な受照面

図6.3 長方形光源と受照点

図6.4（a）に示すように，受照点Pが長方形光源隅の法線上にない場合は，c_1，c_2，c_3，c_4をそれぞれ長方形1AOB, 2COB, 3COD, 4AODによるc_{cloud}とすれば，長方形1234のc_{cloud}は次式で求められる．

$$c_{cloud} = c_1 - c_2 + c_3 - c_4$$

図6.4（b）に示すように，受照点Pを含む水平面より下に光源がある場合，その部分（長方形2563）からの光は，受照点Pにおける直接昼光率に寄与しない（直接的な光源として有効でない）ことに注意する．この場合のc_{cloud}は，長方形1234のc_{cloud}である．

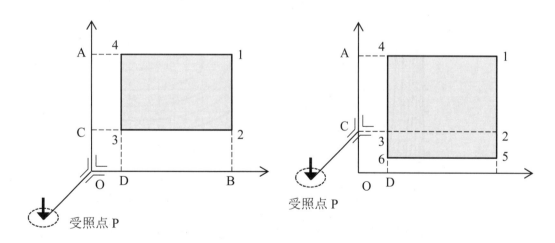

(a) 受照面の上方にある長方形光源   (b) 受照面の上方と下方にある長方形光源

図6.4 長方形光源隅の法線上にない受照点

　図 6.3 に示すような長方形光源による受照点 P の c_{cloud} は，それぞれ図 6.5 および図 6.6 に示す計算図で読み取ることもできる．

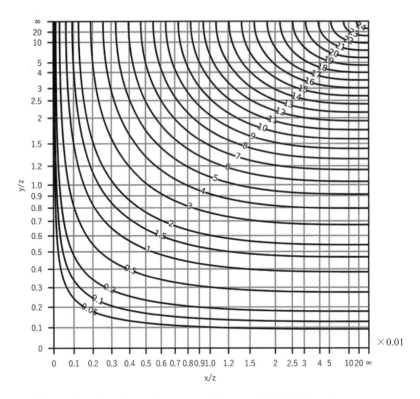

図 6.5　長方形光源による c_{cloud}（光源面と受照面が垂直な場合）

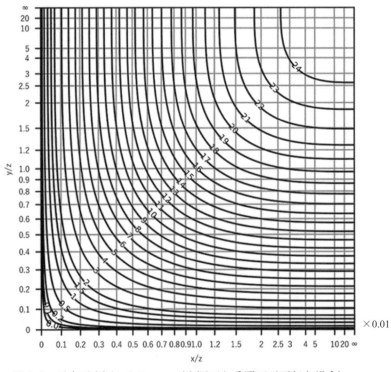

図 6.6　長方形光源による c_{cloud}（光源面と受照面が平行な場合）

　採光用開口の前の地面，舗装面，樹木，対向建物の壁面や屋根面などの地物は，天空より一層複雑な輝度分布を呈することがある．地物からの反射光の精細な取扱いは困難であるため，実務上は地物の輝度分布を一様と見なす．よって，地物反射光は，水平面における全昼光照度に，地物の平均反射率を乗じた光束発散度を持つ均等拡散性の一様光源として扱う．地物の反射率の目安として，地面・アスファルト面・樹木については 0.1～0.2 程度，建築物については 0.4 程度と考えればよい [6-9)-6-11)]．

　地物反射光による室内の天井面の直接昼光率 D_{gd} [−] は，検討点から望む地物の平均反射率 ρ_a [−] と立体角投射率 c_g [−]，ガラスなど光透過材料の透過率 τ [−]，採光用開口の保守率 M [−] から，次式で求められる．

$$D_{gd} = M \cdot \tau \cdot \rho_a \cdot c_g$$

ここで，D_{gd}：地物反射光による室内の天井面の直接昼光率 [−]

M：採光用開口の保守率 [−]

τ：ガラスなど光透過材料の透過率 [−]

ρ_a：地物の平均反射率 [−]

c_g：室内の検討点から望む地物の立体角投射率 [−]

　解説 B–8 に，ブラインド，ひさし，ライトシェルフを考慮する場合の直接昼光率の計算方法を示す．

6.3.2　間接昼光率の計算

> 　間接昼光率を簡易に求めるには，間接照度が室内でほぼ一様に分布すると見なして，作業面切断の式を用いる．

　間接照度は，室の形状や室内面の反射率に左右されるが，その分布は直接照度に比べて緩やかである．作業面の平均間接照度は，作業面切断の式で計算されることが多い．しかし，側窓採光の奥行きの深い室の奥などでは，間接照度を過大に見積もることがあるので注意する [6-12)]．

　作業面切断の式では，図 6.7 に示すように，室を作業面で仮想的に切断して，上向きの切断面 1 と下向きの切断面 2 を仮定する．昼光および人工光源による光束 Φ [lm] を，作業面より下方および上方の室内表面に入射する Φ_1 [lm] および Φ_2 [lm] に分割すると，作業面の平均間接昼光率 D_r [−] は，全天空照度を E_s [lx] として次式で得られる．

$$D_r = \frac{\rho_2 \cdot (\rho_1 \cdot \Phi_1 + \Phi_2)}{A \cdot (1 - \rho_1 \cdot \rho_2) \cdot E_s}$$

　上方と下方の光束については，透明窓の場合は天空光によるものを下方，地物反射光によるものを上方の光束とすればよい．拡散窓の場合は，光透過材料の透過の指向性によってさまざまであるが，均等拡散の拡散窓と見なせる場合は，窓面に入射する光束に透過率を乗じたものが上方と下方に均等に分割されると考えてよい．

$$\rho_1 = \frac{A \cdot \rho_{m1}}{S_1 - \rho_{m1} \cdot (S_1 - A)}$$

$$\rho_2 = \frac{A \cdot \rho_{m2}}{S_2 - \rho_{m2} \cdot (S_2 - A)}$$

ここで，A：作業面の面積［m^2］（通常は室の床面積と同じ）

ρ_1：仮想切断面1の等価反射率［–］

ρ_2：仮想切断面2の等価反射率［–］

S_1：作業面より下方の室内表面の面積［m^2］

S_2：作業面より上方の室内表面の面積［m^2］

ρ_{m1}：作業面より下方の室内表面の平均反射率［–］

ρ_{m2}：作業面より上方の室内表面の平均反射率［–］

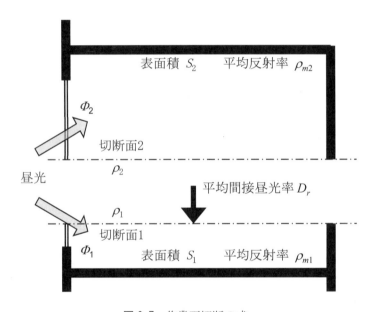

図 6.7 作業面切断の式

6.3.3 照度の計算

> 昼光率に全天空照度を乗じることで天空光による室内照度を求め，検討地点の全天空照度の年間累積出現率から，年間を通した天空光の確率的な効果を予測する．

6.3.1 項および 6.3.2 項から得られた昼光率に全天空照度を乗じることで，天空光による室内照度を求める．この経路で計算された照度は，昼光照明で得られる最低基準を検討するための値であり，全天空照度の年間累積出現率から，年間を通した天空光の確率的な効果を予測する．解説 B–9 に国内の主な地点における全天空照度の年間累積出現頻度を示す．

6.3.4 室内主要面の輝度分布の計算

室内主要面の輝度分布は，次のように求める．室内面を均等拡散反射として，適当な n 個の面要素 i に分割し（$i=1, ..., n$），各面要素内では反射率 ρ_i [－] および全照度 E_i [lx] が一定であると仮定する．このとき，面要素 i の輝度 L_i [cd/m²] は，次式で求められる．

$$L_i = \frac{\rho_i}{\pi} E_i$$

天井面，壁面，床面，作業面など，室内主要面の輝度分布を求めるには，それぞれの面を均等拡散反射として，適当な数の面要素に分割し，各面要素内では反射率および全照度（直接照度と間接照度の和）が一定であると仮定する．各面要素の全照度は，その面要素が含まれる面の照度分布から求められる．

室内主要面の一部が発光面の場合，その部分の面要素 j の輝度 L_j [cd/m²] は，面要素内で光束発散度 M_j [lm/m²] が一定であると仮定して，次式で求められる．

$$L_j = \frac{M_j}{\pi}$$

ここで，L_j：発光する面要素の輝度 [cd/m²]
　　　　M_j：発光する面要素の光束発散度 [lm/m²]

室内主要面の輝度分布より，予測グレア感 PGSV を計算し，採光用開口からの不快グレアを予測評価することができる．解説 B–10 に主な材料の反射率を示す．具体的には，メーカーが提供するカタログや設計資料などを参照する．

7. 昼光照明と人工照明の併用

7.1 昼光照明と人工照明の併用の考え方

昼光照明のみでは，日中を通して照度および輝度の推奨値を満たすことは困難であるため，原則として人工照明との併用が必要である．昼光照明と人工照明の併用に際しては，昼光照明をベースにしつつ，その空間的・時間的変動性を緩和することにより，適切な輝度分布・照度分布が保たれるように人工照明を設計する．

昼光照明と人工照明を併用する目的は，昼光利用によって人工照明の消費電力量の削減を図ると同時に，昼光照明の空間的・時間的変動性を人工照明の利用によって和らげることで，昼夜を通して室内空間全体において適切な光環境を維持することにある．そのために，人工照明は①光量の制御が可能なシステムであること，②エリア別に独立した制御が可能であることが望ましい．昼光は直射日光と天空光に分離できるが，変動や最大光量の大きい直射日光を作業空間で利用する場合，昼光導入装置などを活用して，作業面に直射日光が直接照射しないようにする工夫が求められる．昼光を光源とするライトガイドなどの採用における考え方を解説 C–1 に示す．

7.2　採光用開口とその周辺の輝度分布

> 昼光照明と人工照明の併用に際しては，採光用開口とその周辺の輝度分布に留意する．

　高輝度の採光用開口が直接目に入る場合は，グレアの原因となり，目の順応レベルが上がって室内を暗く感じさせることになる．天窓や頂側窓など採光用開口が目に入らない場合は，上記の問題を回避することができる．窓が目に入る位置にある場合，グレアを低減して空間全体の明るさ感を確保するために，ブラインドやスクリーンによって採光用開口そのものの輝度を落とすことや，採光用開口近傍の壁面や天井面の輝度を人工照明によって高めるような対策が求められる．

7.3　机上面照度を担保する照明制御

> 机上面照度を基準にした照明制御のみでは，グレアや明るさ感低下の問題から，空間全体としての質を担保できない場合があることに常に留意する．

　机上面における作業が中心となる執務空間では，照明環境の質的側面を担保する指標として，机上面照度が重視される．その場合，昼光照明のみでは設計照度に満たない領域の照度を人工照明で補うとよい．ただし，机上面照度を基準にした照明制御のみでは，採光用開口の近傍への過度な昼光導入を抑制できず，グレアや明るさ感低下の問題から，空間全体としての照明環境の質を担保できない場合があることを常に留意しなければならない．

8.　昼光利用におけるエネルギー性能

8.1　昼光照明と人工照明の併用時のエネルギー性能

> 昼光照明と人工照明の併用に際しては，人工照明や空調にかかるエネルギーを含めて，建築物全体の総合的なエネルギー性能を検討する．

　昼光の導入によって，人工照明にかかるエネルギー消費量を削減することが可能となるが，昼光の導入は同時に日射熱を取得することになるため，熱環境を含めて総合的にエネルギー性能を考慮する必要がある．総合的なエネルギー性能を検討するためには，人工照明に要するエネルギーと冷暖房機器に要するエネルギーの双方を併せて検証しなければならない．昼光照明による光の分布は，人工照明に比べると不均一になりやすく，採光用開口の近傍では，照明環境の質を保つために必要とされる光量を超えて，昼光が導入されることも多い．特に夏季に過度に昼光が入ると，人工照明のエネルギー削減分を冷房用のエネルギー増大分が上回りやすくなるので注意が必要である．

8.2　昼光利用による人工照明エネルギー消費量の削減効果

> 照明環境の質的側面を担保する指標として机上面照度を用いる場合に，人工照明にかかるエネルギー消費量の削減効果を予測するためには，昼光照明により得られる室内の照度を求めた後，目標照度に満たない分を人工照明で補うために必要なエネルギー消費量を算出し，人工照明のみで目標照度を得る場合のエネルギー消費量で除する．

　昼光の導入により，人工照明の総光束の削減，さらには人工照明にかかるエネルギー消費量の削減が見込まれる．照明環境の質的側面を担保する指標として机上面照度を用いる場合に，人工照明にかかるエネルギー消費量の削減効果を予測するためには，昼光照明によって得られる室内の照度を求めた後，目標照度に満たない分を人工照明で補うために必要なエネルギー消費量を算出し，人工照明のみで目標照度を得る場合のエネルギー消費量で除すればよい．ただし，季節や天候による差があるため，「拡張アメダス気象データ」などの気象データを利用して，年間を通した検討を行うことが望ましい．

　なお，視作業性能を担保する机上面照度ではなく，空間の明るさに関わる壁面照度・天井面照度（または壁面輝度・天井面輝度）を目標値として照明制御を行う場合も，原則として同様の考え方で人工照明にかかるエネルギー消費量の削減効果を検討することができる．

8.3　昼光利用による熱負荷

> 昼光照明と人工照明の併用に伴う冷暖房負荷への影響については，日射熱と人工照明の発熱を考慮する必要がある．

　昼光照明と人工照明の併用に伴う冷暖房負荷への影響については，日射熱と人工照明の発熱を考慮する必要がある．照明器具から発する熱が，すべて冷暖房機器によって処理される場合，人工照明による熱負荷は，人工照明に要するエネルギー消費量と等価と見なしてよい．一方，ダウンライトなど天井埋め込み式の照明器具の場合，室内側への発熱と天井裏への発熱があり，天井裏へ流れる熱量を冷暖房機器で処理しない場合は，室内側への発熱分のみを人工照明による熱負荷と見なす．

8.4　昼光利用に関連する総合的なエネルギー性能

> 昼光利用に関連する総合的なエネルギー性能を検討するには，冷暖房設備への影響を考慮して，地域の気候特性を基に年間を通したエネルギー計算を行う．

　昼光照明によって得られる室内の光環境や熱環境は，その土地の気候・天候の特性によって大きく変わる．年間を通したエネルギー性能を検討するためには，その地域の気象データに基づく日射熱取得と人工照明による熱取得を計算した上で，冷暖房機器のエネルギー消費効率（COP）に応じたエネルギー消費量を算出し，人工照明にかかるエネルギー消費量と合わせて年間を通して総合的に検証する．昼光利用に関する総合的なエネルギー性能検討のための計算式について，冷房の場合と暖房の場合に分けて以下に示す．

冷房の場合

$$E_w = E_l + E_{hc} = E_l + \frac{Q_l + Q_d}{COP}$$

暖房の場合

$$E_w = E_l + E_{hc} = E_l - \frac{Q_l + Q_d}{COP}$$

ここで，E_w：昼光利用に関する総合的なエネルギー消費量［J］
E_l：人工照明のエネルギー消費量［J］
E_{hc}：人工照明と昼光照明による冷暖房設備のエネルギー消費量［J］
COP：冷暖房設備のエネルギー消費効率［-］
Q_l：人工照明による機器発熱のうち冷暖房設備で処理される分［J］
Q_d：昼光照明による日射熱取得［J］

　ただし，実際の空間では，冷暖房設備の同時稼働や COP の異なる冷暖房設備の混在が起こりうることに留意しなければならない．

9. 昼光照明のコミッショニング

9.1 昼光照明システム

> 　昼光照明のコミッショニングとは，昼光照明設計の目的に従って昼光照明の性能が得られていることを確認する作業である．昼光照明のコミッショニングには，昼光照明装置の設置と運用確認および調整が含まれる．
> 　昼光照明のコミッショニングでは，次の事項を実施する．
> ・昼光照明装置が，設計仕様のとおりに正しい位置に正しく取り付けられているか，目視で点検する．
> ・すべてのセンサーが適正な位置に取り付けられているか，確認する．
> ・昼光照明システムの構成部品ごとの制御を確認する．
> ・昼光照明システムの構成部品間の相互作用を試験する．
> ・想定されるさまざまなシナリオについて，昼光照明システム全体の運用を試験する．
> ・昼光応答型の人工照明制御システムの応答が適切か，確認する．
> ・建築物の運用・保守管理担当者のために昼光照明システムの運用・保守管理に関する文書を作成し，ファイルにして保管する．

　コミッショニングによって，建築物の利用が始まる前に昼光照明システムの運用上のさまざまな問題を解決することが重要である．コミッショニングの期間は，運用・保守管理担当者の訓練期間とすることができる．建築物を引き渡す前に，運用・保守管理担当者が使用するための昼光照明システムに関する資料を作成し，運用・保守管理の計画（確認項目の一覧）とスケジュール，担当者の責務，性能基準を示す．

運用・保守管理担当者のために昼光照明システムの運用・保守管理に関する文書を使いやすい書式で作成し，容易に手に取れるようにファイルにして保管する．具体的な項目は，以下のとおりである．
① すべての文書のインデックス，または検索リスト
② 装置の仕様，システムのダイアグラム，製造者の保証書，必要な連絡先
③ 運用マニュアル
④ 保守管理方法
⑤ 試験や較正の報告書
⑥ 竣工図を含むすべての実施設計図
⑦ 非常時の対応方法

9.2 不快グレアの制御

> 不快グレアの制御のコミッショニングでは，実測から PGSV 値を計算し，設計どおりの値になっているかを検証する．

昼光照明の不快グレアの評価では，グレア光源の位置と大きさの変動が問題となる．近年，不快グレアの評価に輝度画像を用いる方法が提案されている．輝度画像は，評価位置から窓などの採光用開口に向けて，デジタルカメラと魚眼レンズを用いて取得する．デジタルカメラを用いた輝度測定では，撮影した画像の階調値から輝度を推定するため，露出，ホワイトバランス，焦点距離，ピントなどの撮影条件に注意する[9-1]．また，輝度測定システムの精度確認のため，撮影時に，対象範囲内の数点についてスポット型輝度計で輝度を測っておく．デジタルカメラと魚眼レンズの代わりに，市販の面輝度計を利用してもよい．

昼光照明による予測グレア感 PGSV は，窓面全体を輝度が均一のグレア光源とする方法で開発された．しかし，窓面全体（ブラインドやロールスクリーンを含む）をグレア光源とする場合と，輝度画像からピクセルごとに高輝度部分を抽出してグレア光源とする場合で，PGSV の計算値に違いはない．PGSV 値の検証では，解説 A–5 に示すように，窓面全体をグレア光源として平均輝度から計算する方法，輝度画像から高輝度部分を抽出してグレア光源として計算する方法の，いずれをとっても差し支えない．

参 考 文 献

4-1)　JIS Z 8113:1998: 照明用語，日本規格協会，1998

4-2)　照明学会：照明専門用語集 CD-ROM，増補改訂版)，照明学会，2007

4-3)　IEC 60050-845:1987: International Electrotechnical Vocabublary – Lighting, International Electrotechnical Commission, 1987

4-4)　CIE S 017/E:2011: ILV: International Lighitng Vocabulary, Commission Internationale de l'Eclairage，2011)

5-1)　JIS Z 9110:2010: 照明規準総則，日本規格協会，2010

5-2)　田渕義彦：側窓採光の事務所照明における昼光と人工光の協調の要件，照明学会誌，66 (10)，pp.483-489，1982

5-3)　大田登：色彩工学　第2版，東京電機大学出版局，2005

5-4)　JIS Z 8725:2015，光源の分布温度及び色温度・相関色温度の測定方法，日本規格協会，2015

5-5)　中村洋, 小島武男, 沖允人, 比嘉俊太郎：天空光の色の測定, 日本建築学会中部支部研究報告, pp.77-80, 1977

5-6)　稲垣卓造, 沖允人, 中村洋：日本における天空光の色温度とその分布に関する研究, 日本色彩学会誌, 13 (2)，pp.133-135，1989

5-7)　後藤浩一，中村洋，古賀靖子，中本英作，山中大：晴天空の色の数式化，日本建築学会中国・九州支部研究報告，9，pp.21-24，1993

5-8)　古賀靖子，中村洋，穴井謙，後藤浩一，古城真也：天空光の色温度に基づく雲量の測定方法の開発 － 雲量の自動測定装置の開発に関する研究その2，日本建築学会計画系論文集，493，pp.25-32，1997

5-9)　日本建築学会：日本建築学会設計計画パンフレット30　昼光照明の計画，p.21，彰国社，1985

5-10) 岡田喜義：昼光標準確立調査委員会報告，1)，照明学会雑誌，54 (3)，pp.111-122，1970

5-11) 安藤一彌野，関根征士：昼光の研究，照明学会雑誌，55 (2)，pp.77-82，1971

6-1)　井川憲男，永村一雄，Craig Farnham：日射量による昼光照度，PAR，UV-A，UV-B の推定，日本建築学会環境系論文集，81(726)，pp.679-685，2016

6-2)　Rahim, R., Nakamura, H. and Koga, Y.: Examination on the Zenith Luminance of the Intermediate Sky, 日本建築学会九州支部研究報告，33，pp.13-16，1992

6-3)　Rahim, M.R., Nakamura, H., Koga, Y. and Matsuzawa, T.: The Modified Equation on the Zenith Luminance of the Clear Sky, Proc. of the 2nd Lux Pacifica, pp.C1, C27-C31, 1993

6-4)　CIE 110-1994: Spatial Distribution of Daylight - Luminance distributions of various reference skies, Commission Internationale de l'Eclairage, 1994

6-5)　ISO 15469:2004 (CIE S 011/E:2003): Spatial Distribution of Daylight - CIE standard general sky, International Organization for Standardization, 2004

6–6)　CIE 215:2014: CIE Standard General Sky Guide, Commission Internationale de l'Eclairage, 2014

6-7)　Igawa N.: Improving the All Sky Model for the Luminance and Radiance Distribution of the Sky, Solar Energy, 105, pp.354-372, 2014

6-8)　松浦邦男：建築環境工学Ⅰ，p.111，朝倉書店，1985

6-9)　須田棟介，島田實：各種材料の反射及び透過率概数表（資料），照明学会雑誌，27 (10)，pp.449-458，

1943

6-10) 大野治代, 佐藤隆二, 楢崎正也：地物反射光の設計用資料に関する検討, 日本建築学会近畿支部研究報告集　計画系, (23), pp.13-16, 1983

6-11) 日本建築学会：昼光照明の計算法, p.58, 1993

6-12) 松浦邦男, 小西弘高：側窓室の間接照度の性状と作業面の簡易計算式の精度, 日本建築学会近畿支部研究報告集, 計画系, (26), pp.53-56, 1986

9-1) 日本建築学会：建築環境工学実験用教材, pp.32-33, 2011

解説　昼光照明の設計と評価

（A-1）年間を通した昼光導入効果の評価指標

　天空光のみを昼光照明の光源とする昼光率に対して，直射日光を含めた昼光導入の指標に，「Daylight Autonomy（昼光自律性；DA）」や「Useful Daylight Illuminance（有用昼光照度；UDI）」「Annual Sunlight Exposure（年間直射日光導入率：ASE）」が提案されている．照明計算プログラムを用いた詳細計算法によって，年間を通した昼光導入効果の検討が可能である．DA は昼光照明に利用できる昼間の時間の年間割合であり，室内昼光照度が基準照度を超過する年間の頻度を算出するものである[01]．UDI は DA を修正したもので，昼間の時間を 3 つの照度範囲（0 lx～100 lx，100 lx～2 000 lx，2 000 lx 超）に区分し，100 lx～2 000 lx を有用な室内昼光照度とした[02]．しかし，有用な室内昼光照度の上限値を 2 000 lx とすることには議論の余地があるとされ，3 000 lx とする場合の不快グレアに関する研究がなされた．まだ，有用な室内昼光照度の上限値について，関係分野の合意は得られていない[03]．同様に，米国の建築物認証プログラム LEED で規定されている「spatial Daylight Autonomy：sDA」や ASE についても，日本国内の気象条件や建物条件下での有効性の検証がなされていない．DA や UDI で提案されている推奨値が，実際の空間において，どのような照明環境を担保しているのかという点については，今後，国内外における研究が望まれる．

（A-2）昼光照明による不快グレアの各種評価方法

　昼光照明による不快グレアについて，国際的に合意され確立された評価方法はない．例えば，グレア指標の算出ソフト *Evalglare* では，大きい光源による不快グレア評価式だけでも，次のような数種類のグレアインデックスが算出される．

- ・DGI: Daylight Glare Index[04]
- ・DGImod: Modified Daylight Glare Index[05]
- ・DGP: Daylight Glare Probability[06]
- ・DGPs: Simplified Daylight Glare Probability[07]
- ・eDGPs: Enhanced Simplified Daylight Glare Probability[07]
- ・UGRexp: Experimental Unified Glare Rating[05]
- ・UGP: Unified Glare Probability[08]
- ・PGSV: Predicted Glare Sensation Vote[09]

　これらの基本のパラメータは大きく異ならないが，それぞれを導き出した実験データに合わせて，係数やべき指数が修正されている．このうち，海外では DGP が有名なので，以下に述べる．

　DGP は Daylight Glare Probability（昼光グレア確率）の略称で，昼光による不快グレアを確率的に評価する方法である[06]．DGP は次式で表される．

$$DGP = C_1 \cdot E_v + C_2 \cdot \log\left(1 + \sum \frac{L_{si}^{\;2} \cdot \omega_{si}}{E_v^{\;C_4} \cdot P_i^{\;2}}\right) + C_3$$

$$C_1 = 5.87 \times 10^{-5} \qquad C_2 = 9.18 \times 10^{-2} \qquad C_3 = 0.16 \qquad C_4 = 1.87$$

ここで，E_v：目の位置の鉛直面照度［lx］
　　　　L_{si}：グレア光源 i の輝度［cd/m²］（$i＝1, ..., n$）
　　　　ω_{si}：グレア光源 i の立体角［sr］
　　　　P_i：グレア光源 i のポジションインデックス［–］

　DGP は 0〜1 の値をとり，「percentage of disturbed person（不快と感じる人の割合）」に対応する．表 A.2 に DGP による昼光グレアの分類を示す．

表 A.2　DGP による昼光グレアの分類 [07]

	A: 最も良い 勤務時間の 95% が 「感じられない」より 弱いグレア	B: 良い 勤務時間の 95% が 「感じる」より弱い グレア	C: 許容できる 勤務時間の 95% が 「邪魔になる」より 弱いグレア
DGP 制限値	≦0.35	≦0.40	≦0.45
5% 幅の範囲内の 平均 DGP 制限値	0.38	0.42	0.53

　DGP では作業面輝度の 5 倍以上の輝度を持つ部分をグレア光源としており，輝度シミュレーションや輝度画像を用いて，グレア光源を抽出する．しかし，輝度分布を必要とする第 2 項の計算は煩雑になるため，実用的なグレア光源の簡易算出方法が提案されている [07]．鉛直面照度の影響が大きいことから，簡易式 DGPs は以下のようになる．

$$DGP_s = C_5 \cdot E_v + C_6$$

$C_5＝6.22×10^{-5}$　　　　$C_6＝0.184$

　しかし，DGP は個室のオフィスを対象に開発されており，元データでは窓から 1 m 以内に机があるような状況で，窓面の立体角が 0.96 sr〜4.21 sr 程度とかなり大きい．
　窓面などの大面積光源からの不快グレアは，輝度対比によるものとグレア光源からの発散光束の総量によるものに分けられる．個室のオフィスで，窓の近傍に机があれば，総量グレアとなる場合があるが，一般のオープンプランオフィスでは対比グレアとなる．DGP は主に総量グレアを評価しているため，グレア光源（窓面）の立体角が 0.9 sr 以下程度と小さい場合には，予測精度が落ちる．

(A-3) 昼光照明による不快グレアの評価 PGSV (Predicted Glare Sensation Vote)

　対比グレアの PGSV については 5.2.1 で述べた．通常の場合（窓面の立体角が 1.0 sr 以下）は，5.2.1 に記した式で十分であるが，窓が大きい場合，背景輝度が高い場合には総量グレアとなる．参考のため，総量グレアの PGSVsat を次に示す．

$$PGSV_{sat} = \frac{-A_1 - A_2}{1 + (L_{ave}/L_0)^{P_1}} + A_2$$

$A_1 = -0.57 \qquad A_2 = -3.3 \qquad L_0 = 1270 \qquad P_1 = 1.7$

ここで，L_{ave}：視野内の窓面の平均輝度 $[cd/m^2]$

これより，昼光照明による不快グレア評価に用いる PGSV 値は，対比グレア $PGSV_{cont}$ 値または総量グレアの $PGSV_{sat}$ 値の大きい方を取ればよい．

$$PGSV = \max(PGSV_{cont}, PGSV_{sat})$$

通常は，PGSV＝$PGSV_{cont}$ としてよい．表 A.3.1 に PGSV の尺度を示す．

表 A.3.1 PGSV の尺度と主観評価

0	1	2	3
感じ始める	気になり始める	不快と感じ始める	ひどすぎると感じ始める

図 A.3 に，実際の窓を用いた実験結果を示す．グレア感と事務作業空間として受け入れられないとした人の割合（不満者率）の関係が示されている．グレア感を GSV（Glare Sensation Vote）とすると，得られた不満者率 $f(z)$ ［%］の式は，次のとおりである．

$$f(z) = \int_{-\infty}^{x} \frac{1}{\sqrt{2\pi}} e^{\frac{-z^2}{2}}$$

$$x = 1.42 \cdot GSV - 2.57$$

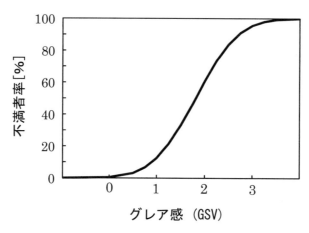

図 A.3 グレア感と事務作業空間における不満者率

表 A.3.2 に，事務作業空間として受け入れられないとする人の割合（不満者率）と PGSV 値との関係を示す．不快グレアの程度は室内の位置によって異なり，室全体の不満者率に影響する．例えばオフィスでは，執務者の座席配置が全体の不満者率に影響する．

表 A.3.2　PGSV と事務作業空間における不満者率

不満者率 [%]	PGSV	不満者率 [%]	PGSV
5	0.7	30	1.4
10	0.9	40	1.6
20	1.2	50	1.8

(A-4) 輝度画像による不快グレア評価値の計算方法

　円周魚眼の輝度画像を利用する場合，PGSV および DGP の各パラメータは，以下のように算出する．

① グレア光源の輝度 L_s [cd/m^2]

　グレア光源の輝度 L_s [cd/m^2] は，一般的に，立体角の重み付け平均輝度として求められる．

$$L_s = \frac{\sum L_i \omega_i}{\sum \omega_i}$$

　　L_i：閾値輝度以上の輝度を持つピクセルの輝度 [cd/m^2]
　　ω_i：閾値輝度以上の輝度を持つピクセルの立体角 [sr]

② 観測者の目の位置におけるグレア光源の立体角 ω_s [sr]

　観測者の目の位置におけるグレア光源の立体角 ω_s [sr] は，閾値輝度以上の輝度を持つピクセルの立体角の合計である．画像上では，射影方式によってピクセル位置，ピクセル数，立体角の関係が異なる．等立体角射影であれば，次式で表される．

$$\omega_s = \sum \omega_i = \frac{\sum n_i}{N} \cdot 2\pi$$

　　ω_i：閾値輝度以上の輝度を持つピクセルの立体角 [sr]
　　n_i：閾値輝度以上の輝度を持つピクセルの数 [-]
　　N：半球を投影した円の総ピクセル数 [-]

③ 背景輝度 L_b [cd/m^2]

　背景輝度 L_b は，グレア光源を除いた視野内の輝度で，次式で求めることができる．

$$L_b = \frac{\sum L_k \omega_k}{\sum \omega_k}$$

　　L_k：閾値輝度以下の輝度を持つピクセルの輝度 [cd/m^2]
　　ω_k：閾値輝度以下の輝度を持つピクセルの立体角 [sr]

④ 目の位置の鉛直面照度 E_v ［lx］

$$E_v = \pi \sum L_j \varphi_j$$

L_j：各ピクセルの輝度 ［cd/m^2］

φ_j：各ピクセルの立体角投射率 ［－］

画像上では射影方式によってピクセル位置，ピクセル数，立体角投射率の関係が異なる．

⑤ ポジションインデックス P

　ポジションインデックス P は，視線上にないグレア光源について，視線上のグレア光源によるグレアと等しいグレアを引き起こすのに，何倍の輝度が必要かを示すものである．

$$\log_e P = \left\{35.2 - 0.31889 \cdot \gamma - 1.22 \cdot \exp\left(\frac{-2}{9}\gamma\right)\right\} \times 10^{-3} \times \sigma$$
$$+ \{21 + 0.26667 \cdot \gamma - 0.002963 \cdot \gamma^2\} \times 10^{-5} \times \sigma^2$$

$$\gamma = \tan^{-1}\left(\frac{x}{y}\right)$$

$$\sigma = \tan^{-1}\left(\frac{\sqrt{x^2 + y^2}}{z}\right)$$

ここで，x, y：視線とグレア光源の水平距離と鉛直距離 ［m］

　　　　z：目とグレア光源を含む面との垂直距離 ［m］

　　　　σ：目とグレア光源を結ぶ直線と視線がなす角 ［deg］

視線より下のグレア光源については，

$\gamma = 90°$

$$\sigma = \tan^{-1}\left[\frac{\left\{x^2 + \left(\frac{y}{1.15}\right)^2\right\}^{0.5}}{z}\right]$$

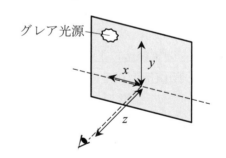

グレア光源

(A-5) 輝度画像による不快グレア評価値 PGSV の検証

　輝度画像からグレア光源を抽出するには，グレア光源と背景を分ける輝度の閾値（境界輝度）を設定しなければならない．そのために，平均輝度の x 倍以上の部分をグレア光源とする方法が提案されているが，この倍数を決定する根拠が明確でない．例えば，DGP では，作業面平均輝度の 5 倍以上と定義されている．

　ここでは，背景輝度 L_b に対するグレア光源輝度 L_s の比が最大になるものを求め，それを輝度閾値とする方法を示す．平均輝度が 18 000 cd/m^2 の窓面にブラインドを設置して，目の位置の鉛直面照度が 3 333 lx となる場合を想定する．図 A.5.1 に，反射率が高いブラインド

と反射率が低いブラインドを用いた場合の輝度分布と輝度の頻度分布を示す. また, 図 A.5.2 に, 閾値で抽出されたグレア光源部分を白く示す.

　背景輝度に対するグレア光源輝度の比 L_s/L_b が最大になる輝度閾値は, 反射率が低いブラインドでは 500〜1 200 cd/m² の範囲にあるのに対して, 反射率が高いブラインドでは 500〜4 500 cd/m² の広い範囲に及んだ. また, 白色のブラインドに比べて, 黒色のブラインドでは輝度比 L_s/L_b が大きくなる.

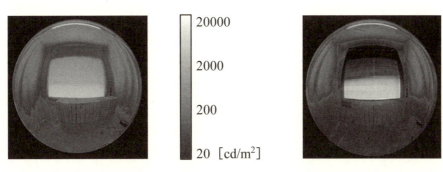

ブラインドスラット反射率 0.9　　　　　　　　　　ブラインドスラット反射率 0.1

(a) 輝度分布（窓面の平均輝度 18 000 cd/m², 目の位置の鉛直面照度 3333 lx）

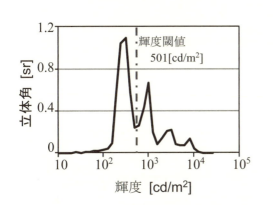
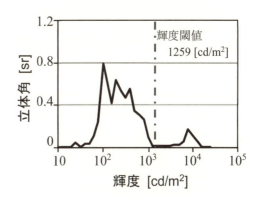

ブラインドスラット反射率 0.9　　　　　　　　　　ブラインドスラット反射率 0.1

(b) 輝度の頻度分布（窓面の平均輝度 18 000 cd/m², 目の位置の鉛直面照度 3 333 lx）

図 A.5.1　輝度画像

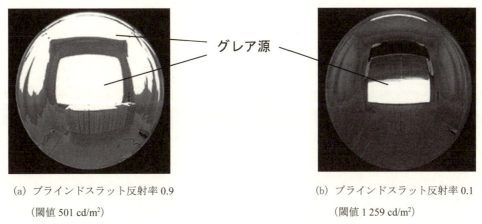

(a) ブラインドスラット反射率 0.9　　　　　　(b) ブラインドスラット反射率 0.1

（閾値 501 cd/m²）　　　　　　　　　　　（閾値 1 259 cd/m²）

図 A.5.2　グレア光源の特定

　あらかじめ窓部分をグレア光源と見なして算出した PGSV 値と，輝度閾値によってグレア光源を抽出して算出した PGSV 値との間には，高い相関があった（図 A.5.3）．また，輝度閾値に対する PGSV 値の変化を見ると，PGSV 値は，輝度閾値の決定方法に影響されないと言える（図 A.5.4）．

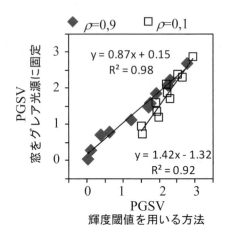

図 A.5.3　異なる計算方法による PGSV

（ρ：ブラインドスラットの反射率）

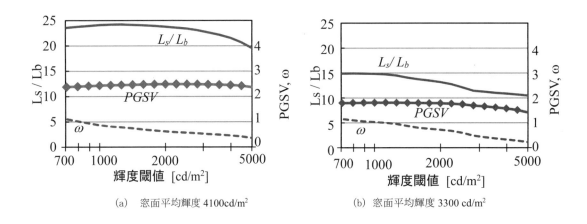

(a)　窓面平均輝度 4100cd/m²　　　　　　　　(b)　窓面平均輝度 3300 cd/m²

図 A.5.4　輝度閾値と輝度比 L_s/L_b，グレア光源立体角 ω，PGSV

（B-1）詳細計算法に用いる照明計算プログラムの要件

　詳細計算法に用いる照明計算プログラムについては，次の要件を満たすことが望ましい．

① 昼光条件の設定について：昼光率や昼光による照度を計算するためには，直射日光と天空光を分離して，昼光条件を設定できることが要求される．天空光については「拡張アメダス気象データ」などから得られる天空輝度分布の値が入力できることが必要である．

② 照明計算プログラムの精度について：昼光率や昼光による照度を正確に求めるためには，照明計算プログラムに高い精度が求められる．国際照明委員会（CIE）から精度検証のための基準資料が公開されているので，それを参考にして照明計算プログラムの精度を

検証する[10]. いくつかの照明計算プログラムについては，すでに検証結果が公開されている. 天井・壁・床面の照度を求めるには，採光用開口から入射した直射日光による直接照度が，理論値と等しくなること，室内の相互反射で得られる間接照度が理論値と等しい，すなわち相互反射計算の精度が高いことが，最低限求められる. また，照明計算プログラムによっては，光線追跡法における反射回数など，パラメータの設定により計算結果が大きく異なる. したがって，計算結果の再現性と信頼性を保証するために，パラメータの設定値を常に公開する必要がある.

（B-2）光束伝達法と光線追跡法による相互反射計算

奥行きのある室や不規則な形状の室について，作業面の間接照度を精度良く計算するためには，相互反射計算を行う. また，室内主要面の輝度分布を計算するためには，作業面だけでなく，天井面，壁面，床面などの全照度を相互反射計算で求める必要がある. その代表的な解法に光束伝達法と光線追跡法がある.

まず，光束伝達法について説明する. 室内面（面積 S [m²]）を均等拡散反射性として，適当な n 個の面要素 i（面積 S_i [m²]）に分割し（$i=1, ..., n$），各面要素内で全照度 E_i [lx] および反射率 ρ_i [-] が一定であると仮定すると，面要素 i に入射する全光束 Φ_i [lm] を未知数とする光束伝達相互反射式は，次式で表される.

$$\Phi_i = \Phi_{di} + \sum_{j=1}^{n} \rho_j f_{ji} \Phi_j \qquad (i = 1, ..., n)$$

ここで，　Φ_i：光源から面要素 S_i に入射する全光束 [lm]

　　　　Φ_j：光源から面要素 S_j に入射する全光束 [lm]

　　　　Φ_{di}：光源から面要素 S_i に入射する直接光束 [lm]

　　　　ρ_j：面要素 S_j の反射率 [-]

　　　　f_{ji}：面要素 S_j から出る光束のうち面要素 S_i に入射する光束の比率 [-]

面要素 S_j から出る光束のうち，面要素 S_i に入射する光束の比率 f_{ji} は形態係数（固有入射光束係数）と呼ばれ，次式で表される.

$$f_{ji} = \frac{1}{S_j} \int_{S_i} \int_{S_j} \frac{\cos\theta \cos\phi}{\pi r^2} dS_j dS_i$$

これは，解説 B–5 に示す立体角投射率の点 P を，面要素 S_j について積分して面積 S_j [m²] で除したものであり，面要素 S_j 上の各点から見た面要素 S_i の立体角投射率の平均を表していると捉えることができる.

　光束伝達相互反射式は，次の連立方程式で表される.

$$
\begin{pmatrix} \Phi_1 \\ \Phi_2 \\ \vdots \\ \Phi_i \\ \vdots \\ \Phi_n \end{pmatrix} = \begin{pmatrix} \Phi_{d1} \\ \Phi_{d2} \\ \vdots \\ \Phi_{di} \\ \vdots \\ \Phi_{dn} \end{pmatrix} + \begin{pmatrix} 0 & \rho_2 f_{21} & \cdots & \rho_j f_{j1} & \cdots & \rho_n f_{n1} \\ \rho_1 f_{12} & 0 & & & & \rho_n f_{n2} \\ \vdots & & 0 & & & \vdots \\ \rho_1 f_{1i} & & & 0 & & \rho_n f_{ni} \\ \vdots & & & & 0 & \vdots \\ \rho_1 f_{1n} & \rho_2 f_{2n} & \cdots & \rho_j f_{jn} & \cdots & 0 \end{pmatrix} \begin{pmatrix} \Phi_1 \\ \Phi_2 \\ \vdots \\ \Phi_i \\ \vdots \\ \Phi_n \end{pmatrix}
$$

　Φ_i ベクトルを左辺に整理して得られた次式の，左辺の行列の逆行列と右辺の Φ_{di} ベクトルの積を求めれば，各面要素に入射する全光束 Φ_i [lm] が得られる.

$$
\begin{pmatrix} 1 & -\rho_2 f_{21} & \cdots & -\rho_j f_{j1} & \cdots & -\rho_n f_{n1} \\ -\rho_1 f_{12} & 1 & & & & -\rho_n f_{n2} \\ \vdots & & 1 & & & \vdots \\ -\rho_1 f_{1i} & & & 1 & & -\rho_n f_{ni} \\ \vdots & & & & 1 & \vdots \\ -\rho_1 f_{1n} & -\rho_2 f_{2n} & \cdots & -\rho_j f_{jn} & \cdots & 1 \end{pmatrix} \begin{pmatrix} \Phi_1 \\ \Phi_2 \\ \vdots \\ \Phi_i \\ \vdots \\ \Phi_n \end{pmatrix} = \begin{pmatrix} \Phi_{d1} \\ \Phi_{d2} \\ \vdots \\ \Phi_{di} \\ \vdots \\ \Phi_{dn} \end{pmatrix}
$$

　さらに，各面要素に入射する全光束 Φ_i [lm] を各面要素の面積 S_i [m^2] で除せば，各面要素の照度 E_i [lx] が得られる. 面要素の照度 E_i は面要素の平均値であるので，詳細な照度分布や輝度分布が必要な場合は，面要素の面積 S_i を小さくすればよい. それに応じて室空間 S の要素数 n は大きくなり，計算時間も増大する. その場合は，一般的に光束伝達相互反射式を繰り返し計算によって解き，差分の全光束に対する割合を設定することで収束を判定し，解を得る. 要素数 n が数千個程度であれば，一般的なパソコンでも数分で計算は終了する. なお，室内面が均等拡散反射性であることを前提としているため，正反射性を有する室内面では計算誤差が生じる. そのため，例えばライトガイドの内面に正反射性の材料を用いる場合，その計算には適用できないことに注意が必要である.

　一方，光線追跡法は，相互反射計算の方程式において，入射する輝度 L_i [cd/m^2] を放射する輝度 L_o [cd/m^2] に再帰的に置き換え，無限回の反射を追跡するものである. 本来，光は光源を出発し，あるものは直接に，あるものは 1 つ以上の面で反射した後に，間接的に視点に到達する. ただし，光源を出発した光の全てが視点に到達するわけではない. したがって，光源から光を追いかける方法には無駄が多い. そこで光の経路を視点から光源に向かって逆追跡することで，必要な光線だけを計算対象とする. これを逆方向光線追跡法と呼ぶ（図 B.2）. 具体的には，視点から視界に相当する仮想のスクリーン上の各画素を通して光線を飛ばし，光線が最も近い（手前の）物体表面と交差する交点 x を求める. 次に，交点 x から光源に向かって光線（影光線）を飛ばし，光源までの間に障害物がないか確認する. 障害物がなければ，交点 x から視点のある方向に向かう放射輝度を計算する. ただし，交差した物体表面で正反射や屈折すれば，進行方向を変えて次の交点 x を求める. 実用的には有限回の反射を追跡して，近似解を得ることになる.

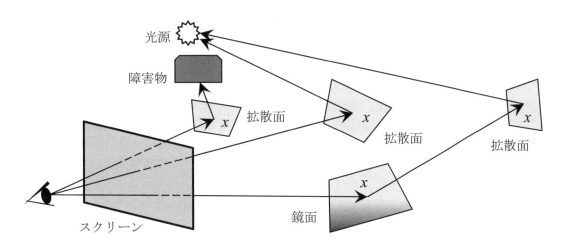

図 B.2　逆方向光線追跡法の考え方

　拡散反射面では，ランダムな方向に光線を反射させてサンプリングするモンテカルロ光線追跡法と呼ばれる手法が一般に用いられる．複雑な形状を扱うのに適した方法であるが，反射回数やサンプリング数に計算精度と計算時間が大きく依存する．

(B-3) 昼 光 率

　昼光率とは，仮定の，または既知の輝度分布を持つ天空による全天空照度を基準として，室内のある平面上の検討点において，その天空から直接および間接に受けた光による照度の比として定義される．両方の照度について，直射日光の寄与は考慮されない．

　具体的に昼光率は，室内の検討点における天空光による照度を，その天空について計算した全天空照度または天空光による室内の照度と同時に測定した全天空照度で除した値で，以下の式で表される．

昼光率 $D=$室内の検討点における天空光による照度 E／全天空照度 E_s
　　　$=$(採光用開口からの直接照度 E_d＋室内面での相互反射による間接照度 E_r)／E_s
　　　$=$　　E_d／E_s　　　＋　　　E_r／E_s
　　　　直接昼光率 D_d　　　間接昼光率 D_r

　昼光率において，室内の検討点が受ける天空光は，屋外から採光用開口を通して直接，検討点に到達するものと，室内で相互反射して検討点に到達するものの合計である．図 B.3 に，昼光率に関与する天空光の入射経路を示す．採光用開口から直接検討点に到達する光による昼光率を直接昼光率，室内で相互反射して検討点に到達する光による昼光率を間接昼光率と呼ぶことがある．照明専門用語集（IEC，CIE，JIS および照明学会）では，間接昼光率に対応する用語を昼光率の屋内反射成分としている．

　屋外から採光用開口に入る天空光は，天空から採光用開口に直接入る光と，天空光が屋外の地物で反射して採光用開口に入るものの合計である．天空から採光用開口に直接入る光による昼光率を，昼光率の天空成分，天空光が屋外の地物で反射して採光用開口から入る光による昼光率を，昼光率の屋外反射成分という．

　実際の天空輝度分布は一様でなく，かつ採光用開口から望む天空輝度の分布状態は変動

するため，同一の採光用開口による昼光率の値は，常時一定とならない．したがって，直接昼光率について「sky factor」が定義された[11]．Sky factor は，一様な輝度分布を持つ天空から，ガラスをはめていない採光用開口を通して，室内の検討点に直接到達する光による照度の全天空照度に対する比として定義される．Sky factor は幾何学的な値である．建築環境総合性能評価システム CASBEE が示す簡易計算による昼光率は，sky factor に相当する．

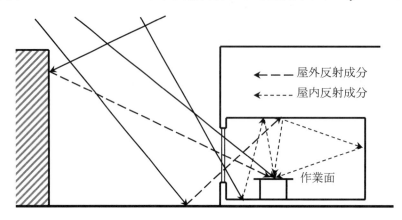

図 B.3　昼光率に関与する天空光の入射経路

(B-4) 昼光の発光効率

　日射量の測定は，気象官署などで恒常的に行われているため，昼光の発光効率がわかれば，日射量から照度を推定することができる．昼光の発光効率について，昼光と日射の実測資料から導いた種々のモデルが提案されているが，国際的に合意されたものはない．将来的に昼光の発光効率に関する国際標準が定められる可能性は，きわめて低い．ここでは，「拡張アメダス気象データ」で用いられている発光効率モデルを示す[14]．昼光の発光効率の基本式は，次のように表される．

$$\eta = a \cdot Kc + b \cdot Cle + c \cdot \ln(Kc) + d \cdot \exp(Cle) + e \cdot W + f \qquad \text{(式 B.4.1)}$$

$$Kc = \frac{E_{eg}}{S_{eeg}} \qquad \text{(式 B.4.2)}$$

$$Cle = \frac{1 - C_e}{1 - C_{es}} \qquad \text{(式 B.4.3)}$$

$$S_{eeg} = 0.84 \cdot \frac{E_{eo}}{m} \cdot \exp(-0.054 \cdot m) \qquad \text{(式 B.4.4)}$$

$$C_e = \frac{E_{ed}}{E_{eg}} \qquad \text{(式 B.4.5)}$$

$$C_{es} = 0.08302 + 0.5358 \cdot \exp(-17.394 \cdot \gamma_s) + 0.3818 \cdot \exp(-3.2899 \cdot \gamma_s) \qquad \text{(式 B.4.6)}$$

$$m = \frac{1}{\sin \gamma_s + 0.50572(57.2958 \cdot \gamma_s + 6.07995)^{-1.6364}} \qquad \text{(式 B.4.7)}$$

ここで, η：昼光の発光効率［lm/W］

Kc：晴天指標［-］

Cle：澄清指標［-］

W：可降水量 ［cm］

E_{eg}：全天日射量［W/m²］

E_{ed}：天空日射量［W/m²］

E_{eo}：大気外法線直達日射量（太陽定数）［W/m²］（＝1 367 W/m²）

S_{eeg}：基準全天日射量［W/m²］

C_e：クラウド・レイショ［-］

C_{es}：基準クラウド・レイショ［-］

m：大気路程［-］

γ_s：太陽高度［rad］

a, b, c, d, e, f：係数

　昼光の発光効率は，全昼光（グローバル）成分，天空光成分，直射日光成分に分けて考えることができる．全昼光照度（グローバル照度），天空光照度，法線面直射日光照度は，それぞれ全天日射量，天空日射量，法線面直達日射量に，発光効率を乗じて求められる．基本式（式 B.4.1）による昼光の発光効率を全昼光（グローバル）成分，天空光成分，直射日光成分ごとに，それぞれ ef_Evg, ef_Evd, ef_Evs とすると，各成分の発光効率式の係数 a〜f は太陽高度の関数であり，次式と表 B.4 に示す係数により求められる．

$$\eta_x = a \cdot Kc + b \cdot Cle + c \cdot \ln(Kc) + d \cdot \exp(Cle) + e \cdot W + f \qquad \text{（式 B.4.8）}$$

$$x = A \cdot \gamma_s{}^2 + B \cdot \gamma_s + C \qquad \text{（式 B.4.9）}$$

ここで, η_x：各成分の発光効率［lm/W］（ef_Evg, ef_Evd, ef_Evs）

　　　　x：各成分の発光効率式（式 B.4.8）における係数（a, b, c, d, e, f）

　　　　γ_s：太陽高度［rad］

　　　　A, B, C：係数（表 B.4）

表 B.4　発光効率モデルの式の係数

成分	係数	A	B	C
全昼光 ef_Evg	a	31.777	–36.903	20.341
	b	–84.690	152.80	–86.306
	c	–16.534	20.942	–20.828
	d	40.441	–76.504	45.149
	e	–2.7163	4.0230	0.6567
	f	–60.423	99.559	45.919

表 B. 4　発光効率モデルの式の係数（つづき）

天空光 ef_Evd	a	4.1472	21,852	−28.685
	b	35.775	−42.243	25.986
	c	−4.6244	−2.3053	−6.5705
	d	−11.192	−2.8112	26.243
	e	−3.4999	4.1531	1.1250
	f	11.216	−13.942	94.711
直射日光 ef_Evs	a	100.75	−287.25	171.56
	b	−178.92	321.04	−205.49
	c	−17.329	120.47	−95.215
	d	141.02	−257.77	151.91
	e	−1.5475	4.2673	−0.3197
	f	−302.24	661.76	−275.27

（B-5）　CIE 標準一般天空の利用

　CIE 標準一般天空の利用のために，*i*-All Sky Model について説明する．*I*-All Sky Model は，気象データに含まれる日射量から，すべての天空状態の天空輝度分布を表すモデルの一つである．

$$\frac{L_a}{L_{vz}} = \frac{f(\zeta) \cdot \phi(\gamma)}{f\left(\frac{\pi}{2} - \gamma_s\right) \cdot \phi\left(\frac{\pi}{2}\right)} \tag{式 B.5.1}$$

$$\phi(\gamma) = 1 + a \cdot \exp\left(\frac{b}{\sin\gamma}\right) \tag{式 B.5.2}$$

$$f(\zeta) = 1 + c \cdot \left[\exp(d \cdot \zeta) - \exp\left(d \cdot \frac{\pi}{2}\right)\right] + e \cdot \cos^2\zeta \tag{式 B.5.3}$$

ここで，　$\phi(\gamma)$：天空要素の高度に関する輝度の階調関数
　　　　　$f(\zeta)$：散乱関数
　　　　　L_a：天空要素の輝度［cd/m²］
　　　　　L_{vz}：天頂輝度［cd/m²］
　　　　　γ：天空要素の高度［rad］
　　　　　γ_s：太陽高度［rad］
　　　　　ζ：天空要素と太陽との角距離［rad］

　式 B.5.2 の階調関数の係数 a, b と式 B.5.3 の散乱関数の係数 c, d, e は，晴天指標 Kc と澄清指標 Cle の関数として次式で表される．

$$x = A + B \cdot \exp\left(-\frac{G_{Kc}}{2}\right) + E \cdot \exp\left(-\frac{G_{Cle}}{2}\right) + H \cdot \exp\left(-\frac{G_{Kc} + G_{Cle}}{2}\right) \qquad \text{(式 B.5.4)}$$

$$G_{Kc} = \{(Kc - C)/D\}^2 \qquad \text{(式 B.5.5)}$$

$$G_{Cle} = \{(Cle - F)/G\}^2 \qquad \text{(式 B.5.6)}$$

ここで，Kc：晴天指標 [−]

Cle：澄清指標 [−]

x：係数 $a,\ b,\ c,\ d,\ e$

A, B, C, D, E, F, G, H：係数 $a,\ b,\ c,\ d,\ e$ を求める式の係数

　係数 $a,\ b,\ c,\ d,\ e$ のそれぞれを求めるための係数 A〜H は，表 B.5.1 に示すとおりである．晴天指標 Kc と澄清指標 Cle は，次式で定義されている．

$$Kc = \frac{E_{eg}}{S_{eeg}} \qquad \text{(式 B.4.2)}$$

$$Cle = \frac{1 - C_e}{1 - C_{es}} \qquad \text{(式 B.4.3)}$$

$$C_e = \frac{E_{ed}}{E_{eg}} \qquad \text{(式 B.4.5)}$$

ここで，Kc：晴天指標 [−]

Cle：澄清指標 [−]

E_{eg}：全天日射量 [W/m^2]

E_{ed}：天空日射量 [W/m^2]

S_{eeg}：基準全天日射量 [W/m^2]

C_e：クラウド・レイショ [−]

C_{es}：基準クラウド・レイショ [−]

表 B.5.1　階調関数と散乱関数の係数に関する式の係数

係数	A	B	C	D	E	F	G	H	注
a	−1.0193	−0.0955	−0.0823	0.4530	−0.1294	−0.2876	0.3169	6.4046	――
b	−0.3646	0.8806	1.6503	0.3319	−0.6525	−0.2681	0.5434	−12.3328	$b > 0$ の時 $b = 0$
c	−3.3246	1.8413	0.8436	0.3009	8.3642	0.8183	0.5424	9.1901	$c < 0$ の時 $c = 0$
d	−3.8472	2.1573	−0.5050	0.6257	61.0275	−3.2725	1.2096	31.1039	――
e	−0.6370	0.5995	1.0259	1.3334	−0.0022	1.0765	0.7066	0.5187	$e < 0$ の時 $e = 0$

　　基準全天日射量と基準クラウド・レイショは，それぞれ次式で表される．

$$S_{eeg} = 0.84 \cdot \frac{E_{eo}}{m} \cdot \exp(-0.054 \cdot m) \tag{式 B.4.4}$$

$$C_{es} = 0.08302 + 0.5358 \cdot \exp(-17.394 \cdot \gamma_s) + 0.3818 \cdot \exp(-3.2899 \cdot \gamma_s) \tag{式 B.4.6}$$

$$m = \frac{1}{\sin\gamma_s + 0.50572(57.2958 \cdot \gamma_s + 6.07995)^{-1.6364}} \tag{式 B.4.7}$$

ここで，　S_{eeg}：基準全天日射量 [W/m²]
　　　　　C_{es}：基準クラウド・レイショ [−]
　　　　　E_{eo}：大気外法線直達日射量（太陽定数）[W/m²]（＝1 367 W/m²）
　　　　　m：大気路程 [−]
　　　　　γ_s：太陽高度 [rad]

　　天空輝度の絶対値を得るには，天頂輝度が必要である．天頂輝度は次式で表される．

$$L_{vz}(\gamma_s, Kc, Cle) = \frac{E_{vd}}{\int_{\gamma=0}^{\pi/2} \int_{\alpha=0}^{2\pi} L(\gamma_s, \gamma, \zeta) \cdot \sin\gamma \cos\gamma \, d\gamma d\alpha} \tag{式 B.5.7}$$

ここで，　$L_{vz}(\gamma_s, Kc, Cle)$：天頂輝度 [cd/m²]
　　　　　Kc：晴天指標 [−]
　　　　　Cle：澄清指標 [−]
　　　　　E_{vd}：天空光照度 [lx]
　　　　　γ_s：太陽高度 [rad]
　　　　　γ：天空要素の高度 [rad]
　　　　　α：天空要素の方位角 [rad]
　　　　　ζ：天空要素と太陽との角距離 [rad]

　　上記の式の計算にはやや手間がかかるため，相対天空輝度の全天にわたる積分値の逆数 L_{vz} / E_{vd} を事前に求めて，簡易に天頂輝度を計算する方法もある．相対天空輝度の全天にわたる積分値の逆数 L_{vz} / E_{vd} は，次式で表される．

$$\frac{L_{vZ}}{E_{vd}} = \frac{1}{\int_{\gamma=0}^{\pi/2} \int_{\alpha=0}^{2\pi} L(\gamma_s, \gamma, \zeta) \cdot \sin\gamma \cos\gamma \, d\gamma d\alpha} = \sum_{k=0}^{5} [A(k) \cdot Kc^k] \tag{式 B.5.8}$$

$$A(k) = \sum_{j=0}^{6} [B(j,k) \cdot Cle^j] \tag{式 B.5.9}$$

$$B(j,k) = \sum_{i=0}^{5} [C(i,j,k) \cdot \gamma_s^{\,i}] \tag{式 B.5.10}$$

ここで，式 B.5.8～式 B.5.10 の係数は表 B.5.2 に示すとおりである．

表 B.5.2 L_{vz} / E_{vd} の係数

k	j	i					
		5	4	3	2	1	0
5	6	5.6146	−29.4046	47.2024	−43.8510	8.2509	−0.9358
	5	−17.9921	93.4316	−142.8905	130.9200	−17.7456	2.6364
	4	20.0121	−103.1918	142.9116	−130.0067	3.1167	−3.7005
	3	−12.0503	55.2228	−58.2657	49.5379	14.3877	3.5037
	2	8.2042	−28.2605	23.5534	−13.0987	−9.0805	−2.2572
	1	−2.2514	7.3074	−5.7338	2.4593	2.3038	1.2745
	0	0.4774	−1.2853	0.8565	−0.2806	−0.1641	−0.7447
4	6	−17.2129	85.8973	−129.4606	125.4744	−16.6675	−1.7011
	5	63.0588	−298.9370	420.7243	−391.1156	25.7323	8.4401
	4	−86.5230	382.9478	−477.7507	419.8383	28.0500	−10.4232
	3	64.5195	−250.6187	249.3821	−189.4251	−70.2059	1.0365
	2	−36.9118	122.2518	−103.4001	56.5677	38.5437	4.9664
	1	8.3944	−26.3761	19.1065	−8.7967	−9.4755	−3.6080
	0	−1.6652	4.5943	−3.1165	1.4959	0.5221	1.9573
3	6	21.5603	−98.3234	133.2000	−134.7364	5.7213	7.9890
	5	−88.8005	376.6700	−473.6141	443.8715	15.9462	−31.5361
	4	140.5464	−549.7882	617.7442	−524.2791	−92.1837	41.4865
	3	−115.2602	408.1553	−389.1329	279.5759	121.5988	−18.9449
	2	58.4325	−188.1080	158.1039	−90.2370	−60.4685	−0.8295
	1	−12.5318	38.1286	−26.3229	14.5404	13.3797	2.5300
	0	1.7622	−5.0850	2.9477	−2.1838	−0.5745	−1.2611
2	6	−16.1603	62.0261	−68.6303	66.7874	9.3995	−8.0240
	5	68.1074	−249.5476	262.2480	−233.4506	−51.2836	30.4587
	4	−110.3658	384.7705	−376.5734	301.1853	105.3289	−41.6451
	3	88.4298	−291.6143	255.1865	−180.4192	−100.9524	24.4274
	2	−39.1455	122.2380	−95.2499	60.1343	43.8912	−5.8629
	1	8.5411	−25.5973	17.1831	−11.9369	−7.4727	0.8271
	0	−0.5530	1.8213	−0.3930	1.0051	0.2158	−0.0791
1	6	5.6538	−18.5946	15.3888	−15.0642	−6.8261	2.4525
	5	−22.4881	72.5977	−58.6626	54.7188	28.0338	−9.9369
	4	34.5496	−109.0127	83.4590	−75.1759	−45.1168	15.8059
	3	−26.0768	80.1132	−55.9029	49.8447	34.7254	−12.6379
	2	10.1609	−30.7499	19.0722	−17.7449	−11.9372	5.3456
	1	−1.4801	4.7414	−1.9300	2.6996	1.2676	−1.0207
	0	0.0550	−0.2373	−0.0316	−0.0642	0.0032	−0.0227
0	6	−0.8791	3.2070	−2.8856	3.0796	0.2823	0.1061
	5	2.7495	−10.1893	8.5197	−10.6148	−1.0694	0.2046
	4	−3.0179	11.6684	−8.6199	14.0185	1.3755	−1.7036
	3	1.1932	−5.4566	3.0029	−8.7173	−0.5736	2.7262
	2	−0.0024	0.7879	−0.0560	2.4222	−0.1517	−1.4338
	1	0.0089	−0.1344	0.1890	−0.1446	0.1348	−0.1598
	0	−0.0018	0.0124	−0.0062	−0.0134	−0.0078	0.4086

　なお，All-Weather Model は，米国のニューヨーク付近やバークレーなどの測定データを元に，曇天空から晴天空までの天空状態を「sky clearness」と定義される指標で 8 種類に分類し，それと「sky brightness」と定義される指標，太陽の天頂角から，式 B.5.2 と式 B.5.3 の係数 a, b, c, d, e を求めている [13]．Sky clearness は直達日射量が大きいほど大きくなり，sky brightness は天空日射量が大きいほど大きくなる．

(B-6) 立体角投射率の計算

　立体角投射率は，面光源の形状と受照点の位置関係のみに依存する幾何学的な量である．図 B.6.1 の受照点 P について，面光源の立体角投射率 c は，次式で表される．

$$c = \int_S \frac{\cos\theta \cdot \cos\phi}{\pi \cdot r^2} dS$$

ここで，c：立体角投射率［-］
　　　　S：面光源の面積［m²］
　　　　dS：面光源の微小部分の面積［m²］
　　　　r：面光源の微小部分と受照点 P との距離［m］
　　　　θ：面光源の法線方向に対して面光源の微小部分と受照点 P を結ぶ直線がなす角
　　　　ϕ：受照面の法線方向に対して面光源の微小部分と受照点 P を結ぶ直線がなす角

　図 B.6.1 において，受照点 P を頂点として面光源 S を底面とする錐体が，点 P を中心とする単位球面から切り取る部分を S'，これを底円に垂直に投射したものを S'' とすると，立体角投射率は，S'' の面積と底円の面積（π）の比に等しい．これを立体角投射の法則と呼ぶ．
　一方，図 B.6.2 に示す任意の多角形光源の立体角投射率は，境界積分の法則（錐面積分の法則）により，次式で得られる．

$$c = \frac{1}{2\pi} \sum_{i=1}^n \beta_i \cdot \cos\delta_i$$

面光源の各頂点を X_i とすると
$\beta_i = \angle X_i P X_{i+1}$［rad］　　ただし $i = n$ のとき $\beta_i = \angle X_i P X_1$［rad］（正負の方向に留意する）
　　δ_i：$X_i P X_{i+1}$ が作る面と受照面がなす角［rad］

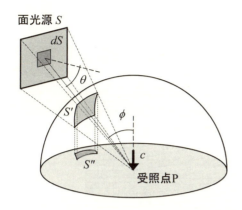

図 B.6.1 面光源による直接照度

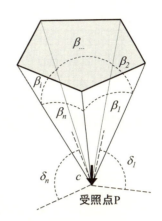

図 B.6.2 多角形光源の境界積分

図 B.6.3 (a) に示すように，長方形光源と垂直な受照面上の点 P の立体角投射率 c_v は，次式で求められる．

$$c_v = \frac{1}{2\pi}\left(\tan^{-1}\frac{x}{z} - \frac{z}{\sqrt{y^2+z^2}}\tan^{-1}\frac{x}{\sqrt{y^2+z^2}}\right)$$

図 B.6.3 (b) に示すように，長方形光源と平行な受照面上の点 P の立体角投射率 c_h は，次式で求められる．

$$c_h = \frac{1}{2\pi}\left(\frac{x}{\sqrt{x^2+z^2}}\tan^{-1}\frac{y}{\sqrt{x^2+z^2}} - \frac{y}{\sqrt{y^2+z^2}}\tan^{-1}\frac{x}{\sqrt{y^2+z^2}}\right)$$

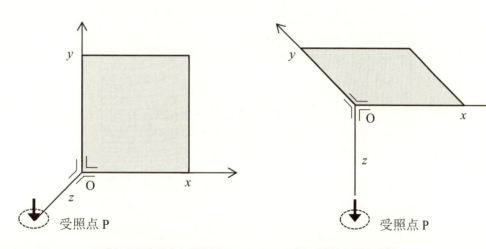

(a) 光源と垂直な受照面　　　(b) 光源と平行な受照面

図 B.6.3 長方形光源と受照点

立体角投射率 c_v および c_h は，図 B.6.4 および図 B.6.5 に示す計算図で読み取ることもできる．

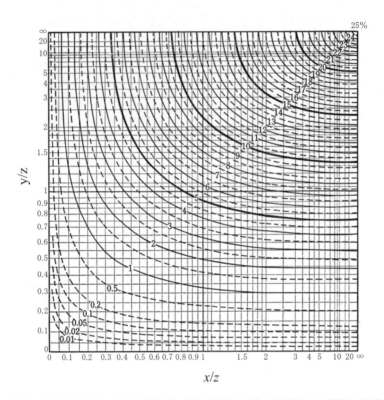

図 B.6.4　長方形光源による立体角投射率（図中単位は％）（光源面と受照面が垂直な場合）

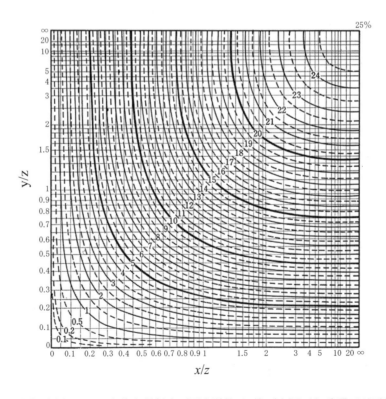

図 B.6.5　長方形光源による立体角投射率（図中単位は％）（光源面と受照面が平行な場合）

(B-7)　主な光透過材料（ガラス）の透過率

主な光透過材料（ガラス）の透過率を表 B.7 に示す.

表 B.7　主な光透過材料（ガラス）の透過率*

ガラスの種類	代表呼び厚さ [mm]および構成	透過性状	可視光透過率 [%]
透明ガラス	3〜19	透明	83〜90
すりガラス	3	拡散	90
型板ガラス	4, 6	拡散	89〜90
乳白合わせガラス	3＋3	拡散	62〜67
熱線吸収ガラス	6	透明	44〜76
熱線反射ガラス	6	透明	32〜67
高性能熱線反射ガラス	6	透明	8〜66
透明複層ガラス（住宅用）	3＋中空層＋3	透明	82
透明複層ガラス（非住宅用）	6＋中空層＋6	透明	79〜81
Low-E 複層ガラス（住宅用）	3＋中空層＋3	透明	55〜80
Low-E 複層ガラス（非住宅用）	6＋中空層＋6	透明	43〜77

＊板硝子協会資料（2016 年）光学性能は JIS R 3106:1998「板ガラス類の透過率・反射率・放射率・日射熱取得率の試験方法」に準じて測定し算定された. 拡散透過のガラスは JIS R 3106 の対象外であるが，ここでは透明透過のガラスと同様に測定，または同厚の透明ガラスのものと同じ値としている.

(B-8)　ブラインド・ひさし・ライトシェルフと直接昼光率

採光用開口には，一般的に，直射日光の影響を緩和するため，ブラインド，カーテン，ロールスクリーン，ひさしなどの日射遮蔽物，ライトシェルフなどの昼光照明装置が取り付けられる. ライトシェルフは，ひさし部分で直射日光の入射を遮るが，ひさし部分の上面で直射日光を反射させて室内へ導き，天井面を照らすことで，室内の明るさ感を向上させるものである. ただし，ひさし部分によって，天空光や地物反射光による室内の照度が減じられる可能性がある. また，ひさし部分の上面の反射率が高くないと，ライトシェルフの効果は得られない. 実際の建築物の運用では，ライトシェルフを小まめに清掃して，ひさし部分の上面の反射率を高く保つ必要がある.

直接昼光率に対するブラインドの影響を図 B.8.1 に示す条件で，ひさし，またはライトシェルフの影響を図 B.8.2 に示す条件で検討する. 図は断面図で示しているが，室は紙面垂直方向に十分に長く，窓面も垂直方向に十分に長いと仮定している.

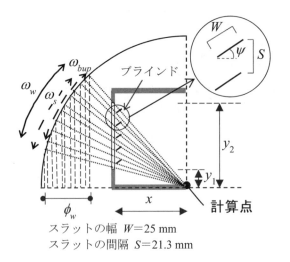

スラットの幅　$W=25$ mm
スラットの間隔　$S=21.3$ mm

図 B.8.1　直接昼光率に対するブラインドの影響に関する検討条件

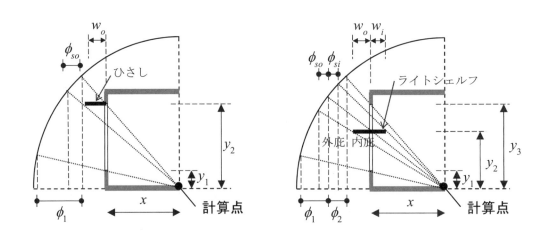

図 B.8.2　直接昼光率に対するひさしまたはライトシェルフの影響に関する検討条件

　ブラインドのスラットによる天空光の反射成分については，相互反射を 2 回まで考慮する．また，ブラインドのスラット面は均等拡散反射を仮定する．ブラインドのある窓面の直接昼光率 D_d ［-］の計算式は，次のとおりである．

$$D_d = \frac{L_{wb} \cdot \pi \cdot \phi_w}{E_s}$$

$$L_{wb} = \frac{\sum\left(L_b\omega_{bup} + L_s\omega_s\tau_g + L_b\omega_{blow} + L_G\omega_G\tau_g\right)}{\omega_w}$$

$$L_b = \frac{E_{bs} \cdot \rho_b{}^2 \cdot \phi_{b12}}{\pi \cdot \tau_g}$$

$$E_{bs} = E_s \cdot \phi_s \cdot \tau_g$$

ここで，L_{wb}：ブラインドを下ろした窓面の平均輝度 ［cd/m²］

L_b：ブラインドスラットの輝度 ［cd/m²］

L_s：天空輝度 ［cd/m²］ $(=E_s / \pi)$

L_G：地表面輝度 ［cd/m²］ $(=E_s \cdot \rho_G / \pi)$

E_s：全天空照度 ［lx］

E_{bs}：ブラインドに入射する天空光照度 ［lx］

ω_{bup}：計算点から見た計算点より上のブラインドスラットの立体角 ［sr］

ω_{blow}：計算点から見た計算点より下のブラインドスラットの立体角 ［sr］
（計算点が床面の場合，$\omega_{blow}=0$）

ω_s：スラット間から見える天空の立体角 ［sr］

ω_g：スラット間から見える地表面の立体角 ［sr］

ω_w：計算点から見た窓面の立体角 ［sr］

ρ_b：ブラインドスラットの反射率 ［－］（均等拡散面とする）

ρ_G：地物反射率 ［－］（＝0.1）（均等拡散面とする）

ϕ_w：室中央床面に対する窓面開口部の立体角投射率 ［－］

ϕ_{b12}：ブラインドスラット1から見たスラット2の立体角投射率 ［－］

ϕ_s：ブラインドから見た天空の立体角投射率 ［－］

τ_g：ガラスの透過率 ［－］（均等拡散面とする）
＝窓ガラスの拡散入射透過率0.83×窓ガラスの保守率0.8＝0.664）

ひさしまたはライトシェルフのある窓面の直接昼光率 D_d ［－］の計算式は，次のとおりである．

$$D_d = \frac{\sum M_k \phi_k}{E_s} = \frac{M_{1d}\phi_1{}' + M_{2d}\phi_2{}' + M_{sod}\phi_{so}\tau_g + M_{sid}\phi_{si}}{E_s}$$

$$M_{1d} = M_{2d} = E_s \cdot \tau_g$$

$$M_{sod} = \phi_{soG} \cdot M_G \cdot \rho_1$$

$$M_{sid} = \phi_{siG} \cdot M_G \cdot \tau_g \cdot \rho_1$$

$$\phi_1 = \frac{\cos\left\{\tan^{-1}\left(\frac{y_1}{x}\right)\right\} - \cos\left\{\tan^{-1}\left(\frac{y_2}{x}\right)\right\}}{2}$$

$$\phi_2 = \frac{\cos\left\{\tan^{-1}\left(\frac{y_2}{x}\right)\right\} - \cos\left\{\tan^{-1}\left(\frac{y_3}{x}\right)\right\}}{2}$$

$$\phi_{so} = \frac{\cos\left\{\tan^{-1}\left(\frac{y_2}{x + w_o}\right)\right\} - \cos\left\{\tan^{-1}\left(\frac{y_2}{x}\right)\right\}}{2}$$

$$\phi_{si} = \frac{\cos\left\{\tan^{-1}\left(\frac{y_2}{x}\right)\right\} - \cos\left\{\tan^{-1}\left(\frac{y_2}{x - w_i}\right)\right\}}{2}$$

$$\phi_1{}' = \phi_1 - \phi_{so}$$

$$\phi_2{}' = \phi_2 - \phi_{si} \qquad (\phi_2{}' < 0 \text{ のとき} \phi_2{}' = 0)$$

ここで，M_{1d}：ひさし，またはライトシェルフ下部の窓の光束発散度 $[\text{lm/m}^2]$

M_{2d}：ライトシェルフ上部の窓の光束発散度 $[\text{lm/m}^2]$

M_{sod}：ひさし，またはライトシェルフの外庇の下面の光束発散度 $[\text{lm/m}^2]$

M_{sid}：ライトシェルフの内庇の下面の光束発散度 $[\text{lm/m}^2]$

M_G：地面の天空光による光束発散度 $[\text{lm/m}^2]$（$M_G = E_s \cdot \rho_G$）

E_s：全天空照度 $[\text{lx}]$

ϕ_1：ひさし，またはライトシェルフ下部の窓全体の立体角投射率 $[-]$

ϕ_2：ライトシェルフ上部の窓全体の立体角投射率 $[-]$

ϕ_{so}：ひさし，またはライトシェルフの外庇の立体角投射率 $[-]$

ϕ_{si}：ライトシェルフの内庇の立体角投射率 $[-]$

$\phi_1{}'$：室中央床面から見えている下部窓の立体角投射率 $[-]$

$\phi_2{}'$：室中央床面から見えている上部窓の立体角投射率 $[-]$

ϕ_{soG}：ひさし，またはライトシェルフの外庇に対する地表面の
立体角投射率 $[-]$（$\fallingdotseq 0.5$）

ϕ_{siG}：ライトシェルフの内庇に対する地表面の立体角投射率 $[-]$

x：室中央床面の外壁からの水平距離 $[\text{m}]$

y_1：床面からの窓下端の高さ $[\text{m}]$

y_2：床面からのひさし，またはライトシェルフの高さ $[\text{m}]$

y_3：床面からの窓上端の高さ $[\text{m}]$（ひさしの場合は $y_2 = y_3$）

w_o：ひさし，またはライトシェルフの外庇の出の長さ $[\text{m}]$

w_i：ライトシェルフの内庇の出の長さ $[\text{m}]$（ひさしの場合は 0）

τ_g：ガラスの透過率 $[-]$（均等拡散面とする）
（＝窓ガラスの拡散入射透過率 0.83×窓ガラスの保守率 0.80＝0.664）

ρ_l：ライトシェルフ下面の反射率 $[-]$（均等拡散面とする）

ρ_G：地表面の反射率 $[-]$（$\fallingdotseq 0.1$）（均等拡散面とする）

　ブラインドを下ろした窓面のブラインドスラット角と直接昼光率の関係を図 B.8.3 に示す．ひさし，ライトシェルフの出幅，設置高さと直接昼光率の関係を図 B.8.4 に示す．ここでは，窓から 2 m 離れた床面中央を計算対象点とした．

　ブラインドのスラット角が大きくなるほど，スラットの間を通して窓面開口部から望める天空部分が小さくなるため，直接昼光率は小さくなる．スラット角が 80° 程度で，天空はほとんど見えなくなり，直接昼光率もほぼ 0 に近づく．スラットの反射率は，直接昼光率に大きく影響しない．ただし，昼光率の計算では考慮されないが，実際にブラインドを下ろした窓面からは，スラット角で反射した直射日光も室内に入る．ブラインドで窓面を全閉としない限り，窓面のグレアが生じないように適切にスラット角を制御し，スラットの間からの天空光，スラットで拡散反射した直射日光を採り入れるのが省エネルギーの観点から望ましい．

　ひさし，またはライトシェルフがある場合，その出幅が大きくなるほど，窓面開口部から直接望める天空部分が小さくなるため，直接昼光率は小さくなる．

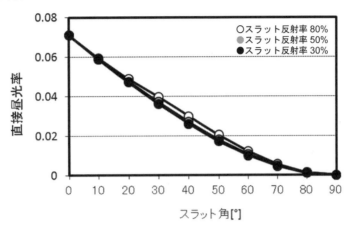

図 B.8.3　ブラインドを下ろした窓面の直接昼光率
（計算点は窓から 2 m 離れた床面中央；開口率 1/7；窓横幅 4.0m；y_1=0, y_2=2.0；
透明窓；窓外障害物なし）

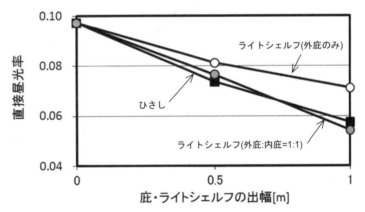

図 B.8.4　ひさし、またはライトシェルフのある窓面の直接昼光率
（計算点は窓から 2 m 離れた床面中央；開口率 1/7；窓横幅 4.0m, y_1=0, y_2=1.3, y_3=2.0；
透明窓；窓外障害物なし）

（B-9）　全天空照度の年間累積出現頻度

　図 B.9.1 に，国内の主な地点における全天空照度の年間累積出現頻度を示す．全天空照度は，「拡張アメダス気象データ」（統計年 1981 年〜2000 年）の全天日射量から Perez によるモデルで直散分離した天空日射量に，井川による Igawa_B モデルの発光効率を乗じて求めた [14)-16)]．就業時間を午前 9 時から午後 5 時として，その範囲を対象に年間累積出現頻度を算出した．

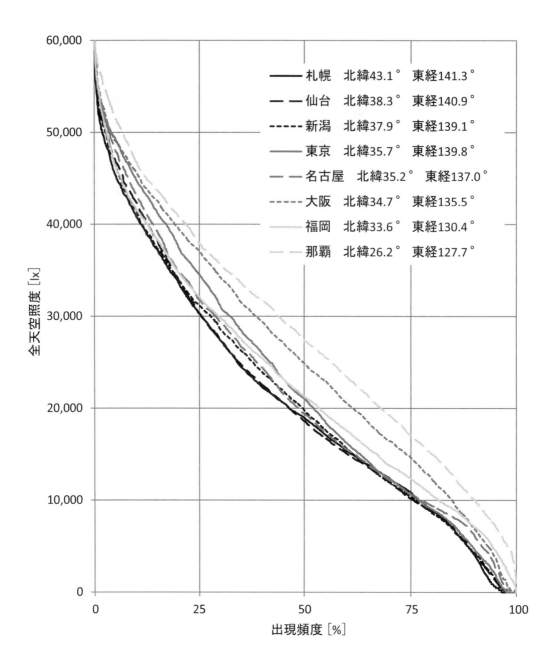

図 B. 9. 1　国内の主な地点における全天空照度の年間累積出現頻度

(B-10) 主な材料の反射率

表 B.10.1，B.10.2 に主な材料の反射率，市販のブラインドスラット材の反射率を示す[17].

表 B.10.1　材料の反射率（主として 45° 入射の全反射率）[%]

1. 正反射材料（垂直入射）		3. 拡散性材料（b）紙および布類	
アルミ特殊合金電解研磨面	90〜95	白ケント紙，吸収紙	70〜80
ガラス鏡面（アルミ合金）	80〜85	白アート紙	60〜65
アルミニウム	70〜75	新聞紙	40〜50
銅，鋼	50〜60	淡色カーテン	30〜50
透明ガラス	10〜12	黒布（ビロード）	0.4〜3
水面	2	4. 拡散性材料（c）建築材料	
2. 拡散性材料（a）金属，ガラス，塗料		木材，クリアラッカー明色仕上げ面	40〜60
酸化マグネシウム（特製・反射率基準）	97	木材，オイルステイン	10〜20
酸化アルミニウム	80〜85	赤レンガ	25〜35
亜鉛引き鉄板	30〜40	石材一般	20〜50
全乳白ガラス	60〜70	濃色タイル，濃色かわら	10〜20
乳白すきがけガラス	30〜40	白しっくい壁	75〜85
すりガラス，型板ガラス	15〜25	畳	50〜60
白色ペイント，エナメル，ほうろう	80〜85	淡色ビニールタイル	40〜70
淡色ペイント一般	30〜70	濃色ビニールタイル	10〜20
濃色ペイント一般	15〜40	砂利，コンクリート，舗石	15〜30

表 B.10.2　ブラインドスラット材の反射率

色（慣用色名）	艶	日射反射率 [%]			可視光反射率 [%]		
		全反射	鏡面反射	拡散反射	全反射	鏡面反射	拡散反射
ホワイト	あり	72.8	2.62	70.2	82.3	1.32	81.0
	なし	74.8	2.08	72.7	82.8	1.27	81.6
アイボリー	あり	65.9	4.95	60.9	73.1	4.44	68.7
	なし	68.7	4.98	63.7	73.8	4.70	69.1
グレイ	あり	54.1	4.44	49.7	58.4	3.89	54.5
	なし	56.0	2.93	53.1	57.7	2.44	55.3
ブラック	あり	4.54	3.86	0.68	4.68	4.01	0.67
	なし	4.90	0.59	4.31	4.39	0.47	3.92

(C-1) 屋外の昼光照度の概算 [18]

　昼光を光源とするライトガイド（ライトダクトと称されるものもある）や昼光を利用する装置の採用において，おおよその採光量を予測評価するには，屋外の昼光照度の知識が必要である．屋外の昼光照度は，太陽高度や天気の状態などによって変化する．晴天時の全昼光照度（グローバル照度）は，直射日光による水平面照度と青空光による水平面照度

の和として，次式で概算できる．

$$E_{vg(cl)} = E_{vs} + E_{vd}$$

$$E_{vs} = (E_{vo} \cdot P^{\operatorname{cosec} h_s}) \cdot \sin h_s$$

$$E_{vd} = \frac{1}{2} E_{vo} \cdot \sin h_s \frac{1 - P^{\operatorname{cosec} h_s}}{1 - 1.41 \cdot \log_e P}$$

ここで，$E_{vg(cl)}$：晴天時の全昼光照度［lx］
E_{vs}：直射日光による屋外水平面照度［lx］
E_{vd}：青空光による屋外水平面照度［lx］
E_{vo}：大気外法線照度（太陽照度定数）［lx］（$= 133\ 800$ lx[19]）
P：大気透過率［−］（通常 0.6〜0.8；日本では，一般に夏季に低く，冬季に高い）
h_s：太陽高度［deg］

また，曇天時の全昼光照度は，次式で概算できる．

$$E_{vg(ov)} = C \cdot E_{vg(cl)(P=0.8)}$$

ここで，$E_{vg(ov)}$：曇天時の全昼光照度［lx］
$E_{vg(cl)(P=0.8)}$：標準快晴照度（大気透過率 0.8 の時の全昼光照度）［lx］
C：天気率［−］（表 C.1）

表 C.1　天気率

天　気	天気率 C
標準快晴	1
晴　天	1〜0.7
薄　晴	0.7〜0.5
薄　曇	0.5〜0.25
雨　曇	0.25〜0.1

図 C.1.1 に直射日光照度（大気透過率：0.6，0.7，0.8），図 C.1.2 に全昼光照度を示す．図 C.1.2 において，晴天時については大気透過率 P［−］を 0.55〜0.83，曇天時については天気率 C［−］を 0.09〜0.52 として，天気の状態を分類している．

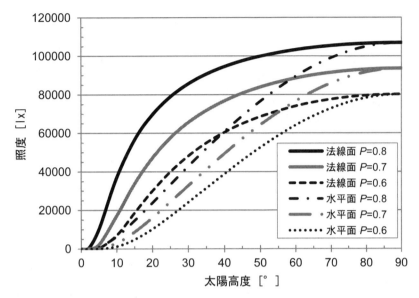

図 C.1.1 直射日光照度（大気透過率 P：0.6，0.7，0.8）

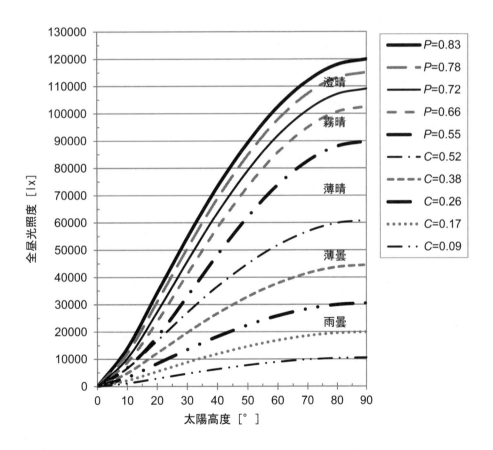

図 C.1.2 全昼光照度（参考文献 18 より再計算）

（P：大気透過率，C：天気率）

解説　参考文献

01) IES LM-83-12: Approved Method: IES Spatial Daylight Autonomy(sDA) and Annual Sunlight Exposure(ASE), Illuminating Engineering Society, 2012

02) Nabil, A. and Mardaljevic, J.: Useful Daylight Illuminance: A new paradigm for assessing daylight in buildings, Lighting Research & Technology, 37 (1), pp.41-57, 2005

03) Mardaljevic, J., Andersen, M., Roy, N., Christoffersen, J.: Daylighting Metrics: Is there a relation between useful daylight illuminance and daylight glare probability?, Proc. of the First Building Simulation and Optimization Conference, pp.189-196, 2012

04) Hopkinson, R.G.: Glare from Daylighting in Buildings, Applied Ergonomics(3), pp.206-215, 1972

05) Fisekis, K. Davies, M. Kolokotroni, M. Langford, P.: Prediction of discomfort glare from windows, Lighting Research & Technology, 35(4), pp.360-371, 2003

06) Wienold, J. and Christoffersen, J.: Evaluation Methods and Development of a New Glare Prediction Model for Daylight Environments with the Use of CCD Cameras, Energy and Buildings, 38 (7), pp.743-757, 2006

07) Wienold, J.: Dynamic Daylight Glare Evaluation, Proc. of the 11th International IBPSA Conference, pp.944-951, 2009

08) Hirning, M B, Isoardi, G L, Cowling, I: Discomfort glare in open plan green buildings, Energy and Buildings. 70: pp.422-440, 2014

09) Tokura, M. and Iwata, T.: Development of a Method for Evaluating Discomfort Glare from a Large Source, Experimental study on discomfort glare caused by windows part 3, Journal of Architecture, Planning and Environmental Engineering, 489, pp.17-25, 1996

10) CIE 171:2006: Test Cases to Assess the Accuracy of Lighting Computer Programs, Commission Internationale de l'Eclairage, 2006

11) Hopkinson, R.G., Petherbridge, P. and Longmore, J.: Daylighting, HEINEMANN, London, 1966

12) 井川憲男，永村一雄，Craig Farnham：日射量による昼光照度，PAR，UV-A，UV-B の推定，日本建築学会環境系論文集，81(726)，pp.679-685, 2016

13) Perez, R., Seals, R. and Michalsky, J.: All -Weather Model for Sky Luminance Distribution – Preliminary configuration and validation, Solar Energy, 50(3), pp.235-245, 1993

14) 日本建築学会編：拡張アメダス気象データ 1981-2000，鹿児島 TLO, 2005

15) Perez, P.R., Ineichen, P., Maxwell, E.L., Seals, R.D., and Zelenka, A.: Dynamic Global to Direct Conversion Models, ASHRAE Transactions Research Series, pp.154-168, 1992

16) Igawa, N.: An Examination of the Luminous Efficacy of Daylight, Proc. of the 6th Lux Pacifica, pp.43-48, 2009

17) 松浦邦男：建築環境工学 I，p.64，朝倉書店，1985

18) 日本建築学会：日本建築学会設計計画パンフレット 16　採光設計，pp.50-51，彰国社，1963

19) CIE 108-1994: Guide to Recommended Practice of Daylight Measurement, Commision Internationale de l'Eclairage, p.14, 1994

日本建築学会環境基準

AIJES-L0003-2018

昼光照明規準・同解説

2018年3月15日　第1版第1刷

編　集　　一般社団法人　日本建築学会
著作人

印刷所　　昭和情報プロセス株式会社

発行所　　一般社団法人　日本建築学会

　　　　　108-8414　東京都港区芝 5−26−20
　　　　　電　話・(03) 3456−2051
　　　　　F A X・(03) 3456−2058
　　　　　http://www.aij.or.jp/

発売所　　丸善出版株式会社

　　　　　101-0051　東京都千代田区神田神保町 2-17
　　　　　　　　　　神田神保町ビル
　　　　　電　話・(03) 3512−3256

ISBN978-4-8189-3631-7　C3352